Rebecca West
Milano 1992

Y0-CFR-058

0004796
GIORGIO MANGANELLI
ESPERIMENTO CON
L'INDIA.
GENERE: SAGGISTICA
I EDIZIONE
ADELPHI EDIZIONI
MI.

PICCOLA BIBLIOTECA ADELPHI
288

DELLO STESSO AUTORE:

Agli dèi ulteriori
Encomio del tiranno
Hilarotragoedia
La letteratura come menzogna
La palude definitiva
Lunario dell'orfano sannita

Giorgio Manganelli

ESPERIMENTO CON L'INDIA

A cura di Ebe Flamini

ADELPHI EDIZIONI

© 1992 ADELPHI EDIZIONI S.P.A. MILANO
ISBN 88-459-0904-2

NOTA AL TESTO

Nel 1975 Giorgio Manganelli partì per l'India come inviato della rivista «Il Mondo». Vi restò quasi un mese, da solo, e il fascino della taciturna India che «macera e corrode, impaluda e nutre» lo turbò profondamente.
Il lettore troverà qui – per la prima volta raccolti in volume, e con il titolo *Esperimento con l'India* che lo stesso Manganelli aveva indicato – l'insieme degli scritti su quel viaggio.

EBE FLAMINI

ESPERIMENTO CON L'INDIA

Un tale che, più che conoscere, mi accade di frequentare con una certa coatta assiduità, sta per partire per l'India. È un viaggio che, da quando lo conosco, ha sempre desiderato compiere, e non di rado si aveva l'impressione che il suo temperamento lugubre derivasse dal fatto di non aver mai visto un centimetro quadrato di suolo indiano. Come tutti coloro che hanno letto *Siddharta* di Hesse, io diffido di coloro che desiderano andare in India in una maniera così ipnotica, struggente, nostalgica, naufragante. Non so se il mio amico abbia letto *Siddharta*, ma suppongo che in ogni caso non ne abbia fatto gran conto. L'ho incontrato in questi giorni, e l'ho trovato affranto e lugubre, come il consueto. Solo che la sua tetraggine nascondeva e svelava insieme un fondo di saggezza lievemente allarmante. «È incredibile,» mi disse, prendendomi sottobraccio come fossi un condolente ad una cerimonia commemorativa, «è incredibile quanti errori psicologici, intellettuali, filosofici possa fare una persona che sta per andare in India. Propriamente, credo di poter dire che in questi ultimi dieci giorni io ho fatto un "viaggio in India" mentale che mi ha lasciato sfinito. Potrei strappare il biglietto, e avrei ugualmente un itinerario da raccontare. Lo sai» mi ha detto bruscamente «che i greci dicevano che Dioniso aveva dimora da quelle parti? Dev'esser vero: sono dieci giorni che vivo in un'estasi di sudori freddi, di brividi, di insonnia e insieme di incubi». Mormorai una generica simpatia. Non mi ascoltava; non sono certo che sapesse di trovarsi accanto a me. «Ad esempio, quando uno sta per andare in India, incomincia a pensare di essere un genio. Solo i geni, no?, tu mi capisci... l'India. Ma naturalmente non è vero. L'India è una grande adescatrice, ti suggerisce: "Se vieni da me, sei un dio, un incantatore di serpenti, un serpente; sei il mio amante di sempre"». «Cattiva letteratura» sussurro. «Pessima» fa il mio amico; «ma non è facile rinunciare a tanta, e così generosa, cattiva letteratura. Perché non si rinuncia ad un grande amore? Perché, letterariamente, è cosa infima. E ti dice anche, chissà mai chi: vieni a cercare i luoghi delle tue precedenti reincarnazioni. Sai, una volta mi sono sognato di vivere a Patna. Potrebbe essere». Sospira. «Poi ti viene in mente che per te è finita, appena arrivi in India incominci ad avere le levitazioni, le visioni, inciampi nei maṇḍala, incontri una śakti, e conosci il grande flusso dell'esistenza» (forse ha letto *Siddharta*). Scuote il capo. «È tutta una faccenda di fiori di loto, come a Este, mi pare, verso Rovigo, di occhi aperti senza pupille, di curry e monsoni; e di vacche sacre, no?» aggiunge, come se attendesse un'inutile rassicurazione.

Non capisco se le vacche sacre le voglia o le rifiuti. «Poi,» mi dice, con subitaneo sommesso furore, «l'India è insieme tragica e mite, i monaci usano uno scopetto quando camminano per non calpestare insetti. Sto leggendo la *Bhagavadgītā*» aggiunge con una strana volgarità nella voce che scopro settentrionale, forse milanese, «sai che ti dico? Kṛṣṇa mi piace. È un dio. Spero di conoscerlo». Lo vedo fuggire spaurito, ed io fuggo con lui.

L'aereo, innegabilmente, ronza; sarei tentato di dire che fa le fusa: ma delle sue specialissime fusa spirituali, meditabonde, astratte. È del tutto evidente che questo aereo gode di una eccezionale buona coscienza; non so se il recente vertiginoso progresso delle scienze teologiche ha scoperto degli specifici sacramenti per confortare le anime da delicato capodoglio degli aerei, ma non v'è dubbio che questo pingue velivolo dà l'imbarazzante impressione di essere in accordo con l'universo. È lucido, ovoidale, morbidamente geometrico, come quegli oggetti che accade di sognare, e che fanno dire agli emozionati psicoanalisti: «Veramente?». Questo aereo papillon da mille tonnellate si comporta come se fosse parte di un vestito da sera di un angelo. Ha perfino quella sfumatura nobilmente vassalla che avevano secoli fa i maggiordomi, inflessibili custodi del decoro di una famiglia. È imbarazzante, ho detto, perché nessuno, certo non io, gode di una coscienza così perfettamente riposata. L'aereo va in India, e poiché io sono contento in quell'uovo deposto nei cieli da una mirabile gallina iperurania, anch'io vado in India. Per l'aereo, intinto d'aureola, andare in India pare una impresa gradevolmente ovvia. Uno di quei compiti semplici che rassicurano sul mondo: come, nei romanzi inglesi del principio del secolo, il compito del lattaio che deponeva all'alba la sua bottiglia, o del giornalaio che vi disponeva accanto la copia del quotidiano, pieno di calme battaglie, di taciturne stragi, di rassicuranti catastrofi. Cose che danno una continuità all'esistenza. Devo dire che l'aereo ha fatto quanto poteva per mettermi a mio agio: mi ha servito un decoroso cibo, e l'ha consacrato con un bicchiere di Chablis e un bicchiere di Nuits-Saint-Georges. Trovo il pensiero molto delicato, ma non sono calmo. Ora me ne sto, solo, nel salotto che l'aereo previdente ha partorito dentro di sé per le anime sensibili e penso a questo fatto impossibile: sto andando in India. Sospiro e sorbisco un delicato whisky: propriamente, centellino, perché di chilometro in chilometro la mia quantità di anima cresce. Viaggio in *Siddharta*, che è un modo nobile ed esotico di viaggiare. *Siddharta*, come tutti sanno, è un libro pieno di poesia e di elegante profondità. Va d'accordo col mio whisky, è vellutato e nobile. Man mano che mi tiro fuori l'anima dalle mie tasche interne, la trovo trasparente e soffice. E tuttavia non sono tranquillo. Il sedile affettuoso non mi consola. *Siddharta*, mi ripeto, è una pensosa interpretazione dell'India. Hai notato? Mi dico. Non c'è mai un amplesso – come si sente che lo spirito in me deborda come schiuma di birra – senza che si alluda al grande Ciclo delle Esistenze.

È un libro – e cerco di mettermi a mio agio – pieno di «nobile e luminosa chiaroveggenza». In *Siddharta* si muore vicino a fiumi allegorici, e in generale si sente dovunque un profumo struggente di legno di sandalo. È pieno di Maestri e di Discepoli, di Esperienze e di Illuminazioni. È ascetico e carnale. Sarà così, l'India? A leggere il libro di Hesse, ci si scorda che esistono gli escrementi. La cosa sembra nobile, ma, alla lunga, sarà onesta? Agitatissimo, mi chiedo se sia onesto avere un'anima. Cerco di rincalzare la mia dentro le mie viscere, ma quella, che sa che sto andando in India, continua a essudare. Bevo, piuttosto lappo, una lama di whisky. È dolce, è un ultimo saluto occidentale, mi viene graziosamente offerto da un cameriere amico, un essere fintamente umano che certamente la grande macchina ha partorito per mettermi a mio agio. Ci sono anche i mendicanti, in *Siddharta*, mi ricordo, e i monaci: ma non saranno delle parti distribuite in un copione lindo e pulito? Vado in un mondo così tormentosamente saggio? Mi chiedo se il continente abbia odore di legno di sandalo. Mentalmente sfoglio *Siddharta* e come per caso lo lascio cadere nel nulla, o nella mia anima, o nel mondo: sento un rumore di mascelle, qualcuno sta mangiando *Siddharta*, forse un segreto, iniziatico meccanismo dell'aereo che ha il compito di consumare i sogni dei viaggiatori, di impedire che invadano il volatile abitacolo.

Il viaggio continua nella notte: sto consumando Arabia, deserti, montagne, mari, sto spendendo il mondo per avere una mancia di India, un soldo, una rupia, un monile del paese di cui so unicamente quel che si può apprendere dai libri, e neanche molto, e neanche chiaro. Naturalmente, non viaggio solo in *Siddharta*, che è una bella carrozzeria, ma anche nel Vedānta. Christopher Isherwood, lo squisito narratore di favole berlinesi, che si accoccola, tormentato e fiducioso, ai piedi di Shri Ramakrishna e di Vivekānanda. Uno scrittore malizioso, lucidissimo, terrestre, metropolitano, un impeccabile narratore di volgarità passionali, di pene mediocri, di avventure intrinsecamente notturne. E Huxley, un uomo così spiritoso, secco, svelto: anche lui a frugare nel Vedānta, in cerca di una «minima ipotesi di lavoro» che consenta di spiegare perché mai non ci uccidiamo immediatamente, al massimo appena conseguito il diploma della terza elementare. Quante cose ci sono mai nel Vedānta: c'è l'assoluto, e Brahman e Ātman, c'è un infinito universo, e la perdita dell'io: Tu sei Questo, dove Questo è ciò che non sei tu. Il Vedānta è una nobile cosa, così terribilmente nobile, e senza riso; mi muovo a disagio sulla mia poltrona, e mi dico, mi confesso che io vengo da un continente dove da tempo di Assoluto non se ne produce più, e dove esiste un riso secco e tormentoso che forse ha definitivamente disegnato i nostri volti. Ma sto viaggiando verso una repubblica, o verso la dimora del Vedānta? Che cosa so, penso, fantastico, dell'India? Come, credo, molti europei ideologicamente perplessi ho l'impressione che l'India sia un luogo ad alto tenore di Dio, una foresta che produce scimmie, pavoni ed asceti; qui esistono ancora i Maestri, i Profeti, e quando si parla della Verità non si allude ad un caso giudiziario, ma alla Verità totale, cosmica; ecco, l'India non sarà mica un paese cosmico? Per noi che di cosmico non abbiamo più niente, eccetto un po' di astrologia settimanale, potrebbe essere un trauma intollerabile. Non ci sarà, mi dico vigliaccamente, un po' troppo Assoluto in questo paese che gode del mistero e degli enigmi?

Mettiamo che sia un paese dove la Verità si offre gratis agli angoli delle strade, che cosa farei, se un mendicante grinzoso e secolare mi porgesse la mano non per chiedere ma per offrirmela, la Verità conclusiva? Direi: «Grazie, è proprio quello che volevo, la terrò da conto, non ci farò giocare i bambini»; o me ne andrò per la mia strada, fingendo di niente, avaramente fraintendendo il gesto, affezionato alla mia millenaria falsità? Ma che idea mi sto facendo dell'India? Sfoglio mentalmente la mia modesta biblioteca, e trovo identificazioni, estasi, visioni – bevo un sorso di whisky, cerco di normalizzarmi grazie ad una moderata ubriachezza. In questo momento pavento e detesto l'India. Ma l'anima continua a trapelare: e in un mio libro mentale, trovo un accenno alla reincarnazione. Ecco, non è un po' troppo? Ora l'India mi si apre di fronte come un abisso accogliente, qualcosa in cui si può precipitare senza ferirsi, un abisso di carne, un abisso madre, un precipizio d'ombra, un imbuto infinito che dà su un Niente attivo, qualcosa che è, ed è il nulla. Il profumo del legno di sandalo di *Siddharta* mi ritorna alle narici come una aggraziata spezia, una cannella della morte, un chiodo di garofano per insaporire un fatale sorso. Man mano che mi avvicino, l'India prolifera nel mio cervello di pavido occidentale, la vedo crescere, enorme massa carnosa, con i suoi strapiombi e il suo profumo di sandalo, le sue anime inconsumabili, la sua vita e la sua morte onnipresenti, il luogo delle trasformazioni, la casa madre dell'Assoluto, la fabbrica degli asceti, la catena di montaggio delle reincarnazioni, il grande magazzino dei simboli, uno sterminato paese in cui da ramo a ramo metaforico balzano scimmie allegoriche, e mendicanti volontari, consci di trenta incarnazioni, ti insidiano per salvarti l'anima; il deposito dei sogni, l'unico luogo dove esistono ancora gli dèi, ma come delegati di un Dio sprofondato in se medesimo, e contemporaneamente incarnato dovunque, un luogo di templi e di lebbrosi, dal quale il sorriso di Buddha o di Śiva non sono mai stati cancellati, morbidi e incomprensibili, estatici e mortali.

Un lungo sorso di whisky, un sorso laico, l'ultimo, ho voglia di India, non di ambigua, forse mediocre letteratura; non vado a reincarnarmi, né a riconoscere i luoghi dove sono vissuto tre secoli fa – a qualche teosofo è successo – ma sto in guardia, oh come starò in guardia; se vedrò il cantone cui mi appoggiavo corroso dalla lebbra secolare, guarderò l'orologio, tirerò dritto, e sarà chiaro a tutti, anche all'Assoluto, che certe faccende le reputo troppo private per discuterle in presenza della servitù e dei bambini. E quanto all'Assoluto, grido in un ultimo impeto, gli ricordo che l'ultimo libro che ho letto prima di questo viaggio è stato *Dell'amore* di Stendhal: milanese, come, con rara codardia, in questo momento mi ricordo di essere. Noi europei moriamo tutti, mio caro Assoluto. Per questo la nostra risata è inconfondibile. Mi rannicchio nel mio posto, l'aereo sta scendendo, lentamente, con grazia: mi fischiano le orecchie, stringo i pugni, e nella notte ancora fitta scorgo le prime luci di Bombay.

La porta dell'aereo – la casa volante e protettiva ha una porta – si spalanca, lentamente; fuori, alle cinque di mattina, è ancora notte, i soliti riflettori mimano una scena di gangster; ma è l'aria che invadendo l'abitacolo, avvolgendomi mentre scendo per la scaletta, mi annuncia che sono altrove. Conosco questa aria, la annuso e mi annusa; è l'aria tropicale, acquosa, morbida, calda di erbe macerate, di animali, di fogne aperte, inasprita da un sapore di orina, di bestia in cattività; è un'aria che mi commuove, mi eccita per la sua qualità disfatta ed ingenua, la sua gravezza generatrice di fungosità, di muffe, di muschio; questa è l'aria dell'India, un'aria sporca e vitale, purulenta e dolciastra, putrefatta e infantile.

Con quest'aria si può giocare, in quest'aria si può morire, comunque quest'aria è completamente pervasiva, ti conta le dita delle mani, ti tocca la nuca, ti accarezza come la lingua di un animale appena uscito dalle selve, più curioso che goloso. Hai l'impressione di immergerti in una palude d'aria, e l'Europa sprofonda alle mie spalle, sprofonda il pulitino *Siddharta*, anche il Vedānta, spiegato da Aldous Huxley, è un fantasma igienico; io sono in India, alle soglie di una malattia con-

tinentale, di un luogo che con la prima zaffata d'aria mi bofonchia alcunché di disfacimenti e di immortalità, di lebbra e di idoli.
Nel tempo necessario per le poche formalità, alle dogane di Bombay – sono fiero di rispondere che «non ho macchina fotografica» – la notte arrotola il suo schermo, si slaccia le stelle, e comincia una alba un po' riassunta, che diventa una frettolosa aurora e infine un giorno pieno. Vengo circondato da magri, filiformi facchini, qualcuno mi induce a prendere il biglietto per un autobus. È un autobus altamente improbabile, corroso dall'aria, deserto; aspettano altri clienti, mi dicono in un terribile inglese, e l'autobus resta vuoto, pensa alla morte, alle maniglie che gli mancano, alla luce che non si accende, ai ventilatori che agitano le brevi pale come le ciglia di una vegliarda seduttrice; intanto, grandi uccelli, con ogni probabilità avvoltoi di ruolo, ruotano sul piazzale dell'aeroporto, grandi e un poco fastosi, e mandano un loro verso che sa di ampio appetito, di truci conversazioni; mi adocchiano con interesse, con un vago compiacimento. In qualunque parte del mondo, quel soggiorno sulla corriera deserta e disfatta, protetta dal volo cruciforme degli avvoltoi, sarebbe condizione affatto sinistra: ma lì a Bombay è stranamente eccitante, un luogo così denso e fitto di immagini terrestri, immagini inconsuete, come se fossi approdato in un pianeta dalle luci ignote e impossibili.

Nessuno viene sulla corriera, che in tal modo può continuare le sue rugginose meditazioni; un taciturno adolescente mi restituisce il denaro del biglietto e vengo travasato in un tassì. Anche il tassì non gode di florida salute, è rugoso, sdentato e sbocconcellato, come se gli avvoltoi l'avessero assaggiato; ma insomma mi promette di portarmi a Bombay, sia pure con una tal quale sfiducia nell'esistenza della città, che non sa di pessimismo ma di una saggezza intorbidita dai malesseri dei tropici.
Entrare a Bombay provenendo dall'aeroporto dà la sensazione di conoscere un qualche grande corpo penetrandolo dallo sfintere: giacché non v'è dubbio che il lungo itinerario che mi porterà al centro di Bombay, che si trova in periferia, ha attinenza con l'ano e le pudende della città. Si passa attraverso una doppia, o tripla, fila di casupole messe assieme con pezzi di lamiera, legni, tele; ma casupole non sono: piuttosto tane mobili, covili erratici; su una serie di questi posatoi qualcuno ha con bizzarra ilarità dipinto dei festosi sintomi religiosi. Il tassì passa attraverso questi luoghi umani, ignorato, come attraverso un muro di pazienza secolare: una pazienza piagata e non avvilita. La sensazione che provocano queste casupole infime, sudice, infette, barcollanti tra rigagnoli e immondizie, è stranamente liberatrice: non c'è alcun tentativo di velare, di nascondere, di eludere; la fondamentale sporcizia dell'esistere, la sua qualità escre-

mentizia e torbida, viene vissuta con pacatezza; io vengo da un continente di gabinetti candidi, e mi trovo lanciato nel cuore di un mondo che non paventa di sfoggiare i propri escrementi. Questo mondo – lo scopro ora una volta per sempre – non è accidentalmente sporco: lo è in modo essenziale, costante, pacato; ma questo sporco non è il nostro, l'ombra di una civiltà che ha catturato le proprie deiezioni in gabbie di immacolata ceramica, ma lo sporco originario, aurorale, quello sporco che abbiamo tradito, come abbiamo tradito tutt'intero il nostro corpo, i nostri peli, il sudore, le unghie, i genitali, lo sfintere. Sia gloria allo sfintere: io procedo in mezzo ad un mondo anonimo, mortale e letale, ma che non ha nemmeno cominciato a paventare la totalità felicemente immonda del proprio corpo. È una strana sensazione, in cui predomina una sorta di sbalordita, sgarbata felicità: anche se io so che non sono degno di questo mondo così superbamente invaso dalla propria terrestrità. Qualche mucca magra ed errabonda gironzola per la strada, evitata con cura dai tassì, e mi sembra una di quelle goffe ma sacre edicole che si trovano in campagna, o negli angoli dei vicoli romani o napoletani. Macilente ma pacate, lievemente surreali, le mucche conferiscono alla selva umana una pia lentezza, una sfaticata e misteriosa delicatezza.

Man mano che procediamo, il senso di percorrere le zone che per noi han da essere segrete, si acuisce; i tuguri si acquattano ai piedi delle prime case, con una umiltà da lustrascarpe; ma le case, corrose dall'aria paludosa, hanno qualcosa di più sfiduciato, sono fatiscenti, il che non può dirsi delle decomposte abitazioni che gli si appoggiano, sottratte ad ogni vicenda di decadenza e di progresso.

Vedo in distanza i primi palazzi di Bombay: sono veri palazzi, e non meritano di essere amati. Non so perché, prima di partire avevo coltivato l'idea che Bombay fosse qualcosa di gloriosamente indiano; ma ora posso imparare a riconoscere in questa città che si inaugura in quel modo splendidamente indigeno, qualcosa che, appunto, merita il nome di «città». Se non si contano le imperiali città dei moghul, come Delhi, Bombay avrà modo di vantarsi, durante il mio soggiorno, di essere la prima città indiana: per fondazione, e per vocazione cittadina. Man mano che mi avvicino, scopro che Bombay ha tutto ciò che fa una metropoli; ha grattacieli, case per civili abitazioni, viali nobili e grandissimi, stazioni ferroviarie numerose e di elaborata, britannica bruttezza, faticosamente redente dalle folle ripetitive ma legittime che vi entrano, ne escono e soprattutto vi soggiornano.

Bombay venne costruita, spiegano le tre guide che mi sono portato appresso, a partire dal Seicento, prima da portoghesi poi da inglesi, su un sistema di isole e paludi; e il nome potrebbe essere appunto di estrazione portoghese, o forse di una dea locale; pescatori e ammalazzati coloni fecero con i decenni una città dove si moriva ordinatamente, con modeste epidemie; paludi, niente più; isole, tutte saldate, meno un paio delle più appartate; e insomma ne venne fuori una città, che alcuni dicono l'unica città dell'India, e che pertanto vive la propria mista condizione in modo nevrotico e tetro.

Per secoli qui sono approdate le navi che sbarcavano inglesi ansiosi di malattie tropicali; ed è diventata, questa città commendatore, la Porta delle Indie. Realistica e perbene, Bombay si è costruita una vera Porta delle Indie – la vedo ogni giorno dal mio albergo – un po' moghul, un po' arco di trionfo, un po' vittoriana: un oggetto di coraggiosa bruttezza, in onore di Giorgio V, che nel 1911 mise i suoi piedi regali in un'India sempre meno docile. Oggi, la Porta delle Indie si è felicemente degradata a luogo per appuntamenti – l'aria è più fresca, la Porta guarda direttamente sul mare – per mendicanti, per venditori di misteriosi frutti tropicali, di gelati, di statuette di una delle tante divinità. Città imperiale, orgoglio di una cultura che per uso coloniale aveva elaborato nel tardo Ottocento una architettura di rara bruttezza e non minore vanagloria, Bombay mi pare fatta solo di mura e di mattoni; è una città costruita, fisicamente dura, scostante, indaffarata, che ha già inventato i pendolari. Ho detto che il centro è in periferia; è assolutamente esatto, giacché Bombay si è sviluppata partendo dal mare – e la zona iniziale è stata sempre il «centro» – e via via si è allungata e accatastata in un crescendo periferico; oggi, a due o tre chilometri dal «centro» comincia una città sterminata, benevola consigliera di catastrofi e suicidi, che sembra progettata o caldeggiata da un sindaco di Roma prestato per normali vie diplomatiche, in un generale piano di annichilimento del continente indiano. A leggere i giornali, città piuttosto losca, dove sono potenti contrabbandieri e «makta kings» che sono i re di una sorta di lotteria clandestina; gente popolare e religiosa, non manca di insinuare la stampa ispirata, e munifici finanziatori di festività religiose: accenno in cui mi pare di sentire l'odore di una tal quale tensione tra il «laico» mondo del reggimento centrale, e il fluttuante e incatturabile mondo religioso, cerimoniale o che altro sia.

Chi si mette in strada dalla Porta delle Indie verso la città incontra strani oggetti, alcuni dei quali meritano una breve annotazione. Ad esempio, è impossibile vivere pochi giorni a Bombay senza continuare a girare attorno alla Fontana di Flora; e ci si può chiedere quale mite demenza induceva gli inglesi a mettere su costruzioni allusive alla Grecia, o vagamente «antico romane»; ma sta di fatto che questo mostro di importazione è diventato popolarissimo, come forse fu a suo tempo la Piramide Cestia, perché Bombay è città onnivora. C'è un quartiere delle banche e,

mi pare, imparentato con i tribunali, che pare trapiantato da Londra, e non dei migliori – il colossale Horniman Circle – palazzi disposti lungo un cerchio, luoghi imprendibili della finanza e della giustizia.
E tuttavia non dirò che Bombay, questa città di denti e di asfalto, non abbia in sé nulla di indiano: ma lo ospita come qualcosa che non ama, e che quello abita come chi si sappia non amato, e semplicemente si sia abituato. C'è la gloria turbolenta delle stazioni – specie Churchgate, che tutti paragonano a Charing Cross – intese come luoghi intensamente simbolici, forse nell'animo indiano traduzione fisica dello stato costante di nascita e di morte in cui si libra il mondo, e certo adoperate come luogo per dormire, per far da mangiare, per mangiare, per affollarlo di bambini, e riempirlo di odore terrestre – cui i treni, ormai annosi, non sono ostili – qualcosa tra il mercato e l'accampamento; e vi sono mercati – come il Crawford Market, orgoglio dell'India – dove potete stremarvi di tutti gli odori speziati in cui vi cuoce l'aria tiepida dell'India; mercati non poveri, che, almeno qui a Bombay, danno certa prova dell'esistenza di una India non miserabile; mercati di verdure e valigie – quante valigie si vendono mai in India – stoffe e sigari, tè e tessuti, in una confusione tranquilla, anche ordinata, come se tutte le cose che rendono tollerabile l'esistenza si fossero date convegno e fossero intente ad una festiva cerimonia, piena di odore e di colore. E questa città

che per prima mi rivela i riti della mendicità indiana è intrinsecamente capitalistica; qui nascono i Tata, che oggi sono un gruppo industriale tra i massimi, non dell'India mi dicono con fierezza, ma del mondo; qui fioriscono i parsi, prosperi e generosi, protetti dal fascino lievemente sinistro delle loro Torri del Silenzio, che sorgono invisibili in un parco cittadino, e che spiegano il fitto traffico di avvoltoi. Città, aggiungerò, bizzarramente laica, visto che un tassì entusiasta mi ha portato a vedere il crematorio elettrico, monumento ad un progresso illuminato. Né mancano monumenti non ignobili del transito britannico: che non sarà il Malabar Hill dei Grandi Ricchi, nobilitato da echi forsteriani, ma piuttosto la minuscola cattedrale anglicana, di quel delicato neoclassico coloniale che fiorì in una strana, direi malata, squisitezza, come se non reggesse alle estranee empietà del clima. Nella cattedrale brulicano lapidi per morti spessissimo giovani, gente che ha lasciato il verde e fresco Sussex – una delle lapidi appunto lo rievoca – e ha lasciato i natali con le zie e i tacchini per venire ad aver torto fin quaggiù, fare cose che non si dovevano fare, e morire di malaria, di tifo, o che altro fosse. Ora la tetraggine antica di quelle morti si è cancellata nella indifferenza feroce e iniqua della Storia, quella ferocia che questi morti hanno costruito con pazienza da orologiaio e devozione confortata dalla Bibbia. Anche la sposa morta giovanissima e «pianta» ha dato mano alla costruzione di questa città terribile.

Bombay, la città più drasticamente moderna dell'India, e certo non la più povera, racchiude alcuni esempi di privilegiato sgomento che introducono, in modo violento quanto illuminante, alla struttura dei valori del mondo indiano.
Delle tre guide che adopero – la Nagel, la Rushbrook, più nota come Murray, dal nome dell'editore, infine la Fodor – una sola, la prima, ha il coraggio di nominare Foras e Falkland Road. Sono le due strade della prostituzione di Bombay: ma dire «strade» in India vuol sempre dire chilometri. Sono alle spalle di Chowpatty, l'occidentale lungo mare di Bombay: e con le strade adiacenti formano una sorta di città postribolare, chiaramente progettata, inventata, costruita secondo un modello mentale omogeneo. Le case sono basse, generalmente ad un piano; a pian terreno sui gradini stanno, in piedi e accoccolate, le donne, altre stanno al primo piano, dietro il graticciato che ha guadagnato a queste case il nome di «gabbie». Praticamente è una distesa ininterrotta di bordelli, con i numeri illuminati per avvertire che la casa funziona. Vi sono bordelli di donne nepalesi, di cinesi, di tibetane; la strada formicola di ruffiani che inseguo-

no il passante – meglio percorrere queste strade in tassì – mentre le donne attendono in una immobilità massiccia e compatta. Le case mostrano i segni di quella malata fatiscenza che lavora e disfa le case della Bombay lontana dal centro; non sono vecchie, sono vive e decomposte. Non direi che lo spettacolo sia degradante o insidioso; la città delle prostitute è un mondo coerente, brulicante, in cui la donna discinta si ripete come un motivo, un segno, un simbolo. Mi diranno poi che la condizione di prostituta non è, in India, segnata di una privilegiata infamia: non è una «fuori casta». Il viaggiatore adorno di pezzi di cristianesimo avverte non solo la complicità, ma la mostruosa legalità che governa la città attorno alle due strade; nota la processione di ragazzi che celebrano una qualche divinità con sistri e statuette, e non avverte nessuna discontinuità; in questo luogo non esiste «peccato», e ci si chiede per quale tramite sia stata elaborata quella sorta di codice che conserva alle prostitute qualcosa di più complesso della mera dignità, un diritto di esistere e di consistere che coabita con quel caldo odore di riti e di malattie e che orna e deforma il luogo delle prostitute. Questo pullulare di signore carnali fa supporre una civiltà che ha evitato l'amore carismatico, che lo vive in modo sociale, impoetico, impersonale. Più dell'assenza del peccato, colpisce la sensazione di una corporalità anonima, senza dolcezza, senza insinuazioni, senza sfide di destino: come se una presenza femminesca fosse stata ritagliata in innumeri donne giustapposte. Vi è una pacata, lenta assenza di pietà, tra le donne, i ruffiani, i clienti, i ragazzi della processione, intenti a cantare i pregi di un qualche dio oscuro e potente. Come le casupole della periferia, verso l'aeroporto, liberavano l'antica paura dello sporco, dell'escremento, qui vediamo la capacità indiana di vivere insieme la decadenza, le muffe, le malattie, il piacere, le piaghe, ciò che per noi è l'abominio del corpo fatto anonimo e collettivo. Circondate, protette, esaltate dal gestire e dal vociare dei ruffiani e dei clienti, le donne taciturne e pacate regnano con antica protervia in questo groviglio di strade perfettamente, irreparabilmente «idolatre». Se ne esce con occidentale sgomento, sospettando di aver visto qualcosa di ovvio e di segreto, forse una piaga, forse un segno animale e sacro, come gli dèi astuti e segreti, adorni di una fiera testa di belva, forse ignara di parole, forse sapiente.

Davanti al mio albergo, tra la hall – luogo sacro e non necessariamente straniero – e la Porta delle Indie che vide lo sbarco di re Giorgio V nel 1911, brulicano esseri umani di variata estrazione. Rivenduglioli, mussulmani venuti a scrutare se la luna, apparendo dietro le nubi, dia inizio al Ramadan, ruffiani e mendicanti. Non ci sono prostitute. Esse sono forse trincerate, in quella loro poderosa città, o forse mandano i loro ambasciatori a cercare stranieri sentimentali e carnali. Il ruffiano si accosta per gradi di illegalità: ti vuol portare in qualche locale imprecisato, si offre di cambiare denaro, infine, come diceva un tale che mi aveva riconosciuto italiano, propone «bella puttane»: e quest'ultima parola pare accompagnare la diaspora nazionale per il mondo, distintivo dei nostri appetiti. Le «bella puttane», assicura il ruffiano, sono universitarie, sono esperte di molte lingue, vuole dirmi il numero della camera? Gliela mando su in albergo. Il ruffiano è un messo, un procacciatore, un venditore: non ve ne liberate alla svelta. Non basta dire «no», non basta dire «non stasera». Bisogna ricorrere a strategie più indiane. Ma queste strategie le ho scoperte osservando i mendicanti, e insieme ho trovato qualcosa di così brusco, e aspro, e inaccettabile, e insieme illuminante, che dovrei chiamare scoperta; qualcosa che mi ha fatto istantaneamente apparire l'India in un modo che non sospettavo.

Lo spiazzo davanti all'albergo è fitto di mendicanti; abbondano specie i bambini, che ti seguono con il loro pigolio di zanzara, tenaci, insistenti, pacati, come chi ha tutto il tempo per vivere e per morire, anche in una serata. Vi è qualcosa di strano in quel modo di chiedere l'elemosina, qualcosa di spurio, quasi un trucco – oh, per carità, la miseria, le malattie sono tutte «vere», ma sono anche qualche cosa d'altro. Cerco di capire quali sentimenti tenti di sollecitare in me il mendicante. L'occidentale è sentimentale, lo spettacolo della miseria lo commuove; sì, questo è vero, ma non è tutto, osservo con cura i miei mendicanti, e vedo che gli indiani li ignorano, e praticamente i mendicanti ignorano i loro meno sventurati concittadini. Lo straniero è sentimentale, vero? Ma c'è dell'altro. Una sera, un ragazzetto che mi seguiva pazientemente da almeno venti minuti mi sussurrò che se gli «davo qualcosa» mi avrebbe lasciato in pace. Erano le prime ore del mio soggiorno indiano, ero ancora ingenuo, la mia idea era che bastasse evitare il mendicante per fargli capire che non era il caso di insistere. La prima sera avevo cambiato strada due o tre volte per eludere un mendicante che ambiva a specializzarsi nella mia elemosina. Quale errore: il mio, intendo. Cambiando strada per eluderlo, gli avevo fatto capire che ero a disagio, e che dunque valeva la pena di insistere; perché l'occidentale non solo prova pietà, non solo è sensibile ai segni della malattia, è lascivo quanto basta per conoscere le preclusioni del disgusto, ma è anche incline ai sensi di colpa. E questo il mendicante indiano sapeva, come sapeva che l'indiano non è sensibile, non è disgustabile, non si annoia, e non conosce sensi di colpa. E fu a questo punto che mi accorsi del modo assolutamente naturale, ovvio, pacifico con cui il mendicante si collocava nel tessuto della società che intravedevo. E capii istantaneamente che in quella società, in quella cultura non c'è posto per la pietà individuale, non c'è quella dolorosa, disperata carità che lega l'Occidente al naturalmente morituro: né il mendicante, lo sventurato, ha pietà di se stesso. I segni della malattia e della miseria non sono «sventure»: vengono da lontano, vanno lontano; migrano da vita a vita, certificati dagli interventi degli dèi. Vi può essere pietà cosmica, la coscienza di una universale fatica intemporale ed anonima cui tutti ci dedichiamo e siamo consacrati. E quella assenza di pietà individuale faceva del mondo indiano un luogo tragicamente impervio, pervaso da una drammatica, incomunicabile dolcezza, una indifferenza senza sdegno, senza rimorsi, senza indulgenza.

Questa scoperta mi fece riguardare il mendicante e la sua tattica in modo diverso: mi proposi di non dare elemosine, non solo per sfamare la mia naturale avarizia, quanto per vedere se mi era possibile accettare la miseria, la malattia, la sventura come un evento che, diversamente collocato, ha altro senso che nel nostro mondo. Giacché in India si soffre atrocemente, ma la sofferenza è un segno diverso, ha un senso diverso. Capii che il mendicante contava sui miei sensi di colpa: ma io, coi sensi di colpa ci vado a nozze.

Tutto sbagliato, mio caro. Puoi forse prendermi per noia, ma sono abbastanza bravo, vedrai. Il primo presupposto su cui agire è che il mendicante «non esiste»; non è facile e non è naturale: è un esercizio ascetico. Dal momento in cui comincia la sua cantilena, esso va dichiarato inesistente; pertanto non si accelera il passo, non lo si guarda, o se si guarda dalla sua parte lo si sorvola o lo si guarda attraverso; non si cerca di attraversare la strada bruscamente, a meno che non stia sopraggiungendo una macchina; ci si ferma, e si lascia che il mendicante ripeta fino alla nausea la sua lagna. Non si risponde alla sua domanda insidiosa «Da che paese vieni?» perché, non esistendo, gli è vietato fare domande; il suo lamento ci scorre addosso come un balsamo. Il mendicante, di nuovo, va accettato nel modo anonimo con cui veniva accettato il sudiciume delle casupole; esso non è sentimentale, né presume di avere dei diritti in quanto povero, ma solo ha capito che l'occidentale, per ragioni che gli sfuggono, si turba della sua condizione e per lenire il proprio turbamento gli dà dei soldi. Il comportamento occidentale gli è probabilmente incomprensibile e lievemente sospetto, ma usato con abilità e distacco un occidentale può essere di qualche utilità. L'occidentale non è abituato a morire, e goffamente cerca di propiziarsi i suoi dèi. Aspira ad essere «buono», che dimostra una idea frammentaria dell'itinerario delle anime. L'occidentale ha soldi, è lascivo e languido: è materia da ruffiani e da mendicanti. Ma se gli si comunica, non con gesti, ma con tutto il corpo, con la propria immobilità, che egli «non esiste» – cosa che in un certo senso egli sa di già – egli si persuade; la sua cantilena si stanca, si svaga, adocchia un altro viso

pallido e bruscamente abbandona l'indifferente e riprende la sua lamentazione.
Ogni sera è una lotta taciturna, orientale, tra due diverse regole del gioco; vi è qualcosa di sinistro, una chiarezza omicida, e anche la fatuità di un gioco comunque effimero, già segnato da una morte anch'essa effimera, tra le bancarelle di bevande, le famigliole accoccolate attorno ad un qualche cibo che piace ai bambini, il ruffiano malinconico, e le carrozzelle affrante e consunte che, ferme accanto al marciapiede, sommessamente propongono gli innocui svaghi di un lebbrosario.

Ho davanti a me l'immagine di un Buddha, scolpito con la pacata, anonima, attraversabile compattezza di sempre; ai suoi piedi stanno frammenti di statue: tra questi, una testa di adolescente, morbida, passionale, impura; potrebbe essere greca, certo ha a che fare con il Gandhāra, la terra in cui l'India si incontrò con i greci di re Menandro, e costui, a contatto con la terra allora buddhista diventò re Milinda. Sono nelle sacre grotte di Ajanta, a cento chilometri da Aurangabad; una trentina tra monasteri e templi; tutti buddhisti, alcuni hīnayāna – il buddhismo che poi sarà di Ceylon e della Birmania, in origine puramente simbolico, ignaro di figure – e mahāyāna, il buddhismo del Nord, fitto di immagini, di storie terrestri di Buddha, di narrazioni delle vite precedenti dell'Illuminato. Misteriosa è Ajanta; lavorata a partire dal secondo secolo avanti Cristo, abbandonata, con la decadenza del buddhismo indiano, forse verso l'ottavo secolo, lasciata alla impervia protezione della giungla. Per mille anni rimase ignota: raccontano che la scoperse un inglese che inseguiva una tigre, magica e feroce. Per forse mille anni vi lavorarono monaci, pittori, scultori; ma nessun testo ne fa cenno. I buddhisti di Ajanta volevano essere fastosi e segreti. I dipinti si dispiegano con una quieta raffinatezza che stordisce; in questi templi scavati nella roccia, ignoti pittori non ignari di prospettiva e sapienti compositori di gruppi di immagini raccontarono storie del Maestro, la sua illuminazione, le sue vite precedenti. Ecco, questa figura tenera d'ocra è il Buddha; un Buddha morbido, pingue, languido; e attorno stanno tutti i bizzarri segni dell'esistenza; scimmie, pavoni, donne che ascoltano, donne che giocano, creature femminili magiche intente ad una fatata toeletta di gioielli insieme terrestri e celesti. Stupisce questa sottile duplicità di piani, questa astrazione meditante complice della vita in cui si immerge. Affascina questa vita casuale, ilare, distratta che fluttua inconsapevole e ricca della propria povertà metafisica, attorno all'Illuminato. Questa immagine di un buddhismo che tollera e conosce la gioia, questa carnalità fragile e fatua che adorna e accompagna la grande figura del Buddha sorprendono e seducono. Nei dipinti di Ajanta appare quella che fu forse, per un breve e perduto momento, una possibile immagine del mondo, insieme drammaticamente agevole e tragicamente inaccessibile. Stupende figure femminili si muovono negli interstizi del naturale e del sacro, librano capelli sapientemente acconciati nel fondo d'una grotta sacra alla meditazione. Di rado la doppiezza della condizione terrestre, la sua sapiente falsità è stata rappresentata con tanta leggerezza, con una felicità che riesce a non diventare empia. I trenta templi e monasteri che seguono la riva di un fiume, e intorno ai quali ancora si trattiene la giungla, rappresentano tutta una serie di possibili esperienze; vi sono luoghi senza la consolazione di questa mirabile pittura, dove grandeggiano immagini sassose e taciturne del Buddha; o si ergono colonne e si insinuano capitelli dalle figure irrequiete e preziose; e infine appaiono i santuari nei quali la figura del Buddha è assente, e appare solo la compattezza simbolica di un tumulo – lo stūpa – che indica una presenza che non è lecito compromettere con l'umano. In nessun caso queste simulazioni di edifici scavati nella roccia, questi luoghi non costruiti tentano di intimidire con la maestà, la durezza ieratica delle linee; ad Ajanta si incontrano, si sfiorano, si completano una idea dolce e insieme meditata dell'esistenza, e tutte le immagini delle presenze immobili e infine delle presenze che si manifestano nell'assenza; dalla donna che, vista di schiena, si accomoda i capelli si prosegue, per un ininterrotto guado mentale, per le immagini solitarie e regali fino alle forme che alludono al passaggio della creatura al nulla.

Scrisse un poeta di queste parti, molti secoli or sono: «il tempio di Kailāśa fu progettato su una foglia di tamarindo». Le foglie di tamarindo sono minuscole più del seme:

dunque il tempio di Kailāśa è un capolavoro di virtuosismo, di organicità, un perfetto incontro di forma naturale ed artificiale. È stato lavorato interamente scavando la roccia: non è costruito. Gradini, pinnacoli, bassorilievi, minuscole edicole chiuse nel grande tempio, dèi e demoni, l'innumerevole danzatore Śiva e la cara e ambigua sposa Pārvatī sono usciti dal fondo della roccia, dove stavano nascosti, secondo il mito platonico. Può un capolavoro, un prodigio di sottigliezza tecnica essere insieme affascinante e inquietante? Mentre ne scrivo, provo di nuovo quel senso di ammirato disagio che avvertivo percorrendo i gradini del più famoso e splendido tempio di Ellora.

Ad Ellora trentaquattro templi scavati nella roccia si giustappongono lungo uno spazio assai più ampio che ad Ajanta. I templi stanno a trenta chilometri da Aurangabad; a differenza di quelli di Ajanta solo alcuni sono buddhisti: e di questi taluni sono stati manomessi da successivi scavatori induisti; e induista è la maggior parte di questi templi, eccetto cinque, gli ultimi nell'ordine, che sono giainisti. Come ad Ajanta, ad Ellora si tocca in modo spietato quella mite terribilità che sconvolge il visitatore dell'India. È inutile dire che il tempio di Kailāśa è «bello»: quasi mai il gesto estetico indiano agisce in modo così pacatamente lusinghiero. Il tempio di Kailāśa, che fa mura dei lati del monte appena levigati, che nasce tutto dal sasso, e che insieme è lezioso, maestoso, affollato, taciturno, ovviamente retto da un arcaico legame di simboli, ha qualcosa di angoscioso, di fondo, il sapore di una nascita da sempre in corso. Forse fu progettato sopra e secondo una foglia di tamarindo, ma è lecito, è possibile, è umano un gesto così fatto? Si avverte qualcosa di potente, di spietato, di mortalmente amico. Un tempio come questo è pressoché impossibile «vederlo»: esso va abitato, da ogni punto vedi qualcosa e qualcosa perdi, sei immerso in una sommessa esplosione di un linguaggio, in qualunque punto ti collochi senti frammenti di un discorso occulto e intenso, un discorso che mescola danza, ironia, gioco, gioielli, tutto celebrato da esseri polimorfi, demoni del cielo ed angeli d'abisso. Quante volte bisognerà percorrere questo tempio per essere nel centro di tutto questo linguaggio? Ed è una cosa tollerabile? Il tempio di Kailāśa provoca nel corpo una sorta di fecondo malessere: dopo tutto, non è un'opera di virtuosismo, ma piuttosto un'impresa di alchimia minerale, un viluppo di visceri di sasso; è sacra, questa impresa, ed è ampia, come se il tempio fosse una supplica e insieme un'astuzia per la cattura degli dèi. Ho parlato di malessere corporale: si avverte che ciò che abbiamo sempre saputo, che gli isterici e gli psicosomatici sanno a memoria, e cioè che il nostro corpo è un organismo di simboli, e che vi possono essere condizioni in cui i simboli subiscono una drammatica trasformazione. Ho l'impressione, mentre cammino

per gli anfratti minutamente cesellati e insieme giganteschi del tempio di Kailāśa, che le mie orecchie tentino di cogliere suoni per i quali non furono progettate, e la lingua compiti suoni che escono mostruosi, una preghiera conclusa in cachinno; e chi ha suggerito al mio pancreas di mettersi a sognare, al mio stomaco di avere una memoria tendenzialmente prenatale, al mio intestino di disporsi come un ideogramma?
Il tempio di Kailāśa è uno dei capolavori di un modo di costruire o di fare che non vuole staccarsi da una natura rimasta a sua volta struttura di simboli, di forme significanti. La foglia di tamarindo non è solo minuta, è un segno elaborato, una forma assoluta, un luogo nato da una pianta e che occupa una parte di universo con la sua anonima perfezione. Questo tempio e, senza eccezione, gli altri templi di Ellora, sono innaturalmente naturali, imitano una natura gravida di innumere forme, sono una di quelle forme. Se ad Ajanta vi è spesso una dolcezza tragica, come di segni che insieme nascono dal grembo del mondo e vengono scoperti da un'intelligenza drammaticamente sensuale, così al Kailāśa mi trovo di fronte a qualcosa che è emerso e che porta addosso i segni dell'abisso, come un cetaceo naufragato con le proprie alghe, insieme ucciso e vitale.
Le caverne sacre di Ellora furono scavate dopo quelle di Ajanta: e in esse vediamo la decadenza del mondo buddhista, e la rinascita prepotente dell'eterno induismo, della

inesauribile mitologia di Viṣṇu e soprattutto di Śiva. Vennero lavorate forse per cinque secoli, a partire dal sesto, a differenza delle grotte di Ajanta, non vennero mai abbandonate alla giungla. Mentre la selva occultava per un millennio gli aspri templi dei buddhisti hīnayāna, astratti e simbolici, senza volti, e i più magici templi del buddhismo mahāyāna, ad Ellora avveniva un miracolo di metamorfosi, la selva e la roccia – il tamarindo e la montagna sacra – collaboravano e diventavano una serie di sfrenati templi, feroci e danzanti, un fragore di forme laceranti e ieratiche, un antico mondo ritrovato nel riso del sogno: qualcosa di terribile e di enorme. Leggo che i thugs, i sacri assassini della dea Kālī, decifravano nelle ambagi dei templi di Ellora le regole per il riconoscimento delle vittime, il tempo, il modo del sacrificio umano. Ad Ellora Śiva danza e si sposa, Viṣṇu decapita il re incredulo, il polimorfo demone Rāvaṇa scuote di un cosmico terremoto il trono di Śiva e Pārvatī, le Madri sono insieme le Grazie, e la moglie di Śiva è anche Kālī, insieme distruttrice e pietosa, colei che uccide e benefica. Tutto ciò è immobile, e insieme ti insegue. Mi riscuoto da questa selva di sogni pietrificati. Ignoro se sia lecito e pio destarsi.

Aurangabad, poco meno che ignorata dalle guide, è una deliziosa città moghul; e dopo Ajanta ed Ellora, un documento moghul è una scoperta consolante. Avevo scoperto i primi indizi di questa straordinaria arte, portata in India dai moghul, turchi mussulmani, a partire dal Cinquecento, nel museo di Bombay. A un primo piano compattamente indiano, corrisponde un secondo piano di incantevoli miniature moghul. Ci si accorge quanta diversità possa apparire nel fluire di un ruscello, come una selva possa essere amica e consolante; nelle miniature, nei dipinti, ed ora vedo che anche nei monumenti moghul vi è un respiro disteso, vi è spazio, aria circolante, infine possiamo usare la parola «arte»; in questi disegni, questi monumenti che hanno un lontano sapore mediterraneo, bizantino, arabo, il lavorio simbolico è mentale, ascetico anche, ma non mai onirico, non secondo quella «natura formata» che pare essere la matrice dell'invenzione indiana. Aurangabad prese questo nome dall'imperatore Aurangzeb, che la occupò nel Seicento e per tutto il secolo la adoperò come una sorta di capitale meridionale. Aurangzeb non è un nome ignoto agli europei. Viaggiatori portarono in Occidente la fama fastosa e drammatica del suo impero, della sua crudeltà, delle sue ricchezze; in Francia, in Inghilterra poeti si invaghirono di questo mostro esotico e bello; come Orenzeb, infierì sui palcoscenici d'Europa, malvagio e potente: ebbe in dono i versi eleganti di un Dryden. Ad Aurangabad il figlio dell'imperatore fece costruire per la madre un monumento affettuosamente inesatto, che imita in dolcezza di balocco il Tāj Mahal, costruito due generazioni prima dal padre di Aurangzeb, Shāh Jahān. Nel monumento di Aurangabad, Bībī-kā-Makbaṛā, vi è consolazione di acqua, quell'acqua architettonica che è una delle meraviglie dell'arte mussulmana; e mitezza di piante che acconsentono a decorare una morte femminile, indifesa, sommessamente melodiosa. Come sempre nei monumenti moghul, il marmo è morbido, trafitto dallo strazio elegante di un minuto ago; sebbene non sia un'opera suprema, la tomba della prima moglie di Aurangzeb ha la delicata grazia di un oggetto deposto nel centro dell'aria, in un giardino che ignora il fasto angoscioso della sacra giungla.

Aurangabad è una città di tombe moghul; ma non è tragica né sinistra; in questo sterminato paese, l'India, non esistono tombe, se non mussulmane e cristiane; gli induisti bruciano i cadaveri, i parsi li danno a divorare agli avvoltoi: e dovunque si ha sentore di morte fertile e selvatica. La morte mussulmana ci è più simile, ma con una delicatezza di abbandono, e soprattutto una umiltà che non conosciamo che di rado. Non c'è fasto nella grande tomba della moglie di Aurangzeb, ma il sapore di una decorazione, un minuscolo mobilio che adorna quel luogo sacro in cui si incontrano Iddio e il nulla. La tomba di un santo mussulmano è un bizzarro gioco, un mulino con una fresca cascata d'acqua; e tra le molte appartate tombe, una ve n'è, nuda e senza segno di potenza, dove ha voluto essere sepolto il fastoso, il potente, il terribile: Aurangzeb, l'imperatore dei moghul. Un tumulo bianco, calcinato, in un cortile appartato: nessun ornamento, nessuna maestà, ma un totale, deliberato abbandono; l'imperatore si offre, sdraiato e impotente, all'indagine del suo Dio. Nello stesso recinto, l'imperatore ha voluto venisse collocata la sepoltura, infinitamente più nobile, del suo maestro: una tomba coperta da un gran drappo di seta, ornata di fiori, assistita da continuate suppliche, omaggi, preghiere. Ora che la morte governa definitivamente l'impero dei moghul, il trono del sovrano è una pietra calcinata e solitaria, e il regno è nelle mani dell'antico lettore del Corano.

Di nuovo mi affido, come un orfano incallito, al ronzio dell'angelo meccanico; un angelo indiano, austero, di sobrie cerimonie.
Da Bombay dovevo andare a Calcutta, poi nel Bihar, ma i giornali mi avvertono: inondazioni. In una settimana Patna, la città dei jain, è andata due volte sott'acqua, totalmente. Il Brahmaputra straripa, il Gange, portatore di ceneri disperse, tumultua: in tutto il nord piove con furore, quelle incursioni di pioggia, iraconde e anguste, che ho sperimentato a Bombay, accoccolato sotto il ponte metallico. Le inondazioni indiane sono cronaca e mitologia, sacre sventure; le nevi dell'Himālaya dimoiando uccidono; l'aria è dovunque densa e greve, nel cielo si accampano nuvole e nebbie. Aspettando che il Nord si asciughi andrò a Sud: vado a Goa. Mi lascio alle spalle Bombay, Aurangabad, e la campagna attorno ad Ajanta, e le occulte grotte che per oltre un millennio riposarono nella giungla; e le grotte da orefice vegetale di Ellora. Mi domando che cosa so, a questo punto, dell'India. Ho nella mente delle immagini, e nel corpo un trauma che sto lentamente consumando. Penso che vi sono persone che vengono in India per vacanza, e mi domando come sono fatte. Bombay mi

ha suggerito che, forse, in India, non esiste il «prossimo»; un concetto così elementare e leggero, ma se non esiste tra i gettoni con cui compriamo e vendiamo il mondo, quel mondo diventa infinitamente lontano, mite e inaccessibile. Nessuna gloria di città e feste mi dirà le semplici, irrisorie e perfino ilari parole che mi ha detto il mendicante di Bombay, la zanzara stridula in forma di bambino, la madre neonata con il minuscolo grumo tracomatoso in braccio. Non provare pietà; e, insieme, non cedere alle dolcezze intelligenti del sadismo. Affacciarsi sullo sterminato gioco della convivenza indiana, impararne i segni, sapendo che, dopo, non ci sarà consentito entrare, e insieme non ci sarà possibile tornare. Una immagine emblematica di Bombay; è pomeriggio, nuvolaglia e caldo; su un duro marciapiede, un marciapiede di sasso, all'incrocio di due strade, dorme abbandonata, affidata alla propria morbidezza interiore, una fanciulla straordinariamente bella; ma niente è così seducente e insultante come la pacatezza, la dolcezza corporale con cui questa ragazza coperta di un cencio sporco si affida all'amicizia del marciapiede. Diversa da quella tormentata Gorgone addormentata che uno scultore greco adornò del sudore della disperazione, immergendola in se medesima come in un incubo, questa ragazza abita una lontana anonima mitologia; oscilla tra nascita e morte, si porta appresso un portatile sonno, si accoccola in quel grembo, forse

sbocconcella un qualche rapido sogno, e intanto è immobile, non si accomoda sotto il corpo la durezza della strada, quale collaborazione esiste tra quel corpo e quel selciato? Mi domando che significa «dolore» in questo occulto e indifeso lessico, che cosa «giustizia», e in qual punto stiano le lacrime in questo universo corporale.
Allontano dalla mente quell'immagine dolce ed impervia, trovo qualche briciola di Aurangabad, di Ajanta. Qualche immagine che ho osservato e dimenticato, stranamente mi insegue come ricordo; le dee madri di Ellora, Śiva danzante; certe figure scolpite di Ajanta hanno occhi spalancati ma senza pupille. Sono figure morbide e straniate, che hanno trovato quel sottile, pacifico quanto seviziante sentiero che consente di sognare ed essere svegli, di non vedere pur con l'occhio spalancato, di essere immersi in un sonno che non esclude né rinchiude. Si ha l'impressione che queste figure stiano sognando se medesime, ed esse siano consapevoli della propria inconsistenza terrestre, ma della infinita densità simbolica entro cui vivono. Mi chiedo quale fosse il rapporto col sogno di coloro che lavorarono queste immagini morbide e senza incubo. Ho anche ricordi più minuti, e non vorrei perderli. Tra le rocce che circondano le caverne sacre, per i prati e ruderi di Aurangabad, lungo i marmi della tomba della moglie di Aurangzeb, ho visto scoiattoli minuti, lunghi e svelti, poco più che lucertole dalla folta

peluria grigio ferro, striata. Si arrampicano in perfetto itinerario verticale lungo le rocce, su per i rami, con esotica e artificiosa delicatezza, svelti e taciturni; in mezzo alle elaborate caverne buddhiste e indù, appaiono come leggere ed ironiche invenzioni grafiche moghul, materia da miniatura nel cuore del monumento, astute divinità inferiori tra quelle grandi immagini taciturne, dolci e indifferenti. I loro occhi hanno pupille.

Lungo la strada tra Aurangabad e Ajanta si incontra un villaggio; non ne ricordo il nome. Più che villaggio, che è parola arcadica, è un fragile, precario posatoio per uomini. Non ha case, solo baracche di legno e qualche lamiera. Non capanne. Non vedo templi, per quanto umili. Da qualche parte, suppongo, ci sarà una edicola sacra. Questo villaggio non è l'inizio d'una città, e neppure ne è l'imitazione miniaturizzata. È un abitacolo effimero, stazione di tappa per una carovaniera derelitta. Luogo misero: ma la miseria è resa tollerabile dalla provvisorietà di ogni oggetto. Non è provvisorietà urbanistica; l'effimero metafisico cui partecipa le consente di vivere con grazia la propria sventura. Dopo il furore urbano di Bombay nel villaggio trovo gli indizi di una dignità, un decoro vitale, una leggerezza di stile di cui la città fa scempio.

La comunità è tutta povera, vi sono rari mendicanti; non bastano i turisti in transito ad adulterare la coerenza di questo mondo

misero. I bambini si affollano attorno alla faccia forestiera, ma senza lo spietato lenocinio della sventura. Anzi: offrono di far cambio, vogliono barattare; ed è anche un gioco. Un bambino mi offre un sasso, e debbo riconoscere che è proprio un bel sasso; una bambina mi propone una scatola vuota: e non posso non pensare che quel che la bimba mi offre è appunto quel vuoto, delimitato in qualche modo dal cartone; un vuoto che è la materia prima dei possibili. Un'altra vorrebbe vendermi una cartolina, che parrebbe ragionevole, non si trattasse di una cartolina già scritta. Quella cartolina ha già vissuto il suo destino di cartolina, mi viene suggerita o proposta una metempsicosi della cartolina?
Lungo la strada e ancora in questo villaggio ho visto molti animali, e ho cominciato a farmi domande sul modo di essere degli animali in questo mondo. Vi è tra l'indiano e l'animale una familiarità a noi ignota; essi sono complici in un sistema di riti e simboli. Ho visto bovi dalle corna dipinte di rosso e di blu; è imminente la festa dei bovi, gli animali avranno un giorno di riposo, i padroni mangeranno dolci in onore dei bovi; anche le caprette e le pecore fanno festa ai bovi: non vedo forse che il loro vello è chiazzato di blu e di rosso? In tutta l'India è dunque la festa dei bovi? In tutta l'India.
Molti cani si aggirano nelle strade polverose da western, cani miti, intensamente bastardi, fiduciosi; stanno stesi nel mezzo della stra-

da, e se arriva sferragliando il minaccioso ectoplasma di una corriera, appena aprono un occhio: sanno che il guidatore farà di tutto per non investire un animale; se accade che il cane sposti una zampa dalla strada, lo farà più per cortesia che per paura, per facilitare la manovra del conducente. Sono cani mitissimi, che non abbaiano, non inseguono, non ringhiano; pigramente scodinzolano, e lasciano che il mondo li eviti di misura. Forse non sanno che in qualche modo il progresso sta arrivando in questo mondo estraneo alle sue leggi. Ma lungo la strada ho visto un cane ucciso, certamente da una macchina, un piccolo cane non protetto dal suo umile karma analfabeta.

Sono giunto a Goa con l'idea che fosse, questa, sede idonea ad una breve pausa, un istruttivo riposo, in questo viaggio indiano che si preannuncia impervio e innocentemente traumatico. Bombay mi ha sfregiato, Ajanta ed Ellora mi hanno turbato con quei loro volti di pietra ammorbidita da una condizione intermedia tra la veglia e il sonno, una vocazione a interpretare corpi femminili chiusi nella delicata clausura di un sogno; se mi hanno blandito le tombe moghul, il crocidio di invisibili pavoni, le taciturne corse infantili degli scoiattoli mi hanno rammentato l'esistenza di un mondo tangibile, anonimo ed amico, ma per quelle giungle e quei lungo mare, schivo e latitante. Che Goa fosse luogo riposante, anche se menzognero rispetto al contesto indiano, me lo avevano insegnato o suggerito alcuni manifesti di basso turismo: a Goa si fanno i bagni; oh, non che io abbia nemmeno in mente di queste stravaganze, come sarebbe fare un bagno in mare, ma so per sentito dire che i luoghi di mare sono rilassanti e sciocchi, comodi e spregevoli, e mi sento bisognevole di stoltezza. Ma è probabile che a Goa mi chiamino altre voci; in primo luogo, la bizzarria, da filatelico, di questo minuscolo paese che, fino al 1961, fu portoghese; stremato dal perverso inglese dei marciapiedi e dallo specialistico inglese dell'albergo, respinto dai velocissimi linguaggi dell'India emergente – il marāṭhī, il gujarātī, oltre all'hindī – mi piacerebbe ascoltare una lingua imparentata con il Colosseo. Mi chiedo se esista alcunché di portoghese, in questa terra irredenta fino a quindici anni fa. Se Goa fosse stata in Europa, so come avrebbe agito uno qualsiasi di questi governi: proibito il portoghese, deportazioni, importazioni, niente giornali se non in una qualsiasi lingua ignota agli indigeni, sacra presenza della Patria, luminosi destini, tristo retaggio, e via vaneggiando. E tuttavia medito: se non avranno raso al suolo la secolare colonia portoghese, qualcosa resterà almeno da vedere. Infine, e forse è il più importante, Goa è, o almeno dovrebbe essere cattolica. Quando si cominciano a gustare le delizie serpentesche, le metamorfosi insinuanti, i travestimenti cosmici, ripetitivi, dei numi – uno e innumerevole – del mondo indiano, quella onnipresenza equorea e vegetale del sacro, a qualcuno viene voglia di dar di cozzo nelle cavillose ma immutabili macchine dei dogmi. Come si fa a litigare con quei volti sorridenti e distratti, quelle membra lisce, notturne, straniate? E come si può entrare in quel loro mondo che pare ignaro delle stabili, stolte certezze della grammatica? Ho sentito il fascino e la lontananza di quel mirabile e non già impervio, ma infinitamente attraversabile mondo, quel luogo di teneri fantasmi, di clandestini giochi della mente e delle membra; tutto danza e sogna, tutto dimentica la propria veste sassosa, insegue una incarnazione in foglia, volatile e pesce. Ho voglia di provare il mio antico disagio di europeo, di italiano, di romano, vessato dalle acredini logiche delle affermazioni chiare e impossibili. Ho voglia di preti, di monache, di Anno Santo, di catechismi, di confessionali, di canto gregoriano, di miracoli catalogati con minuzia giuridica; ho voglia di quella povertà linguistica che rende il nostro cristianesimo italiano inabitabile e rassicurante. Non è un atteggiamento nobilmente religioso, ma mi pare realistico – ecco una parola che probabilmente non esiste in nessuna delle cento parlate indiane.

Goa è diversa. Prima di arrivarci avevo letto tutto quello che si poteva ricavare da ampie e minuziose guide; non c'è niente da fare: è impossibile leggere alcunché e trovare che il luogo che dobbiamo visitare è più o meno simile. Non ci si orizzonta nemmeno. Certo, nelle guide mancano gli odori e i colori – come nelle fotografie. Ma soprattutto manca la letteratura: e direi che il «luogo», la «città», la «campagna», non esistono se non come figure retoriche, come generi letterari. Ogni tanto l'uno o l'altro dei testi che compulso ha un momento di eccitazione: invece di contare il numero dei piani di un edificio, operazione esteticamente frustrante, dà in brevi e disordinate esclamazioni,

dice sciocchezze, sospira, accenna a muovere le mani come per dire: «cose mai viste». È probabile che una esclamazione del genere sia più utile di una minuta descrizione di edifici fatiscenti. Almeno, ti dà una giustificazione emotiva per andare a Goa, o dove che sia.
Comunque, Goa è veramente meglio. Non so se sia riposante; le bizzarrie, gli estri della storia di rado sono veramente riposanti. Se vi serve una casa tirolese con intorno le greggi, non andate a Goa. Ma il resto c'è. In teoria si possono fare i bagni: ma bisogna saper scegliere la stagione, che è quasi tutto l'anno, meno il momento in cui ci ero io. M'ero accomodato in un albergo a picco sulla spiaggia, con ruderi di un forte portoghese, e mi godevo la stolida iracondia delle onde e la notte tropicale. Poche cose sono più riposanti e irritanti di un tramonto ai tropici; e Goa faceva del suo meglio per fornire il prodotto collaudato. È la via Condotti dei tramonti tropicali. Prima, nuvole nell'alto, nobili e astratte, mentre il cielo principia ad incupirsi; poi nuvole garçonnières, cuscini, puff, materassi, vestaglie; e sulla riva si protendono ciuffi di palme a far da giarrettiera, da piumino, da neo; e intanto le onde diteggiano il gravicembalo. Quando la notte sigilla il cielo, hai l'impressione di avere assistito ad uno spettacolo equivoco. Ci si ripara a mangiar certi squisitissimi pesci di scoglio, lavorati con perizia da cuochi portoghesi caramellati di colori tropicali. All'albergo

impari che il portoghese è tuttora correntemente parlato, specie dai cattolici; lo si insegna a scuola, ed esiste perfino un giornale – «O Heraldo» – di carta suicida, ma scritto in portoghese. Gli indiani non hanno messo a sacco le antiche tradizioni, e Goa resta quella bizzarria che è sempre stata: di altra lingua, di altra religione, di altra architettura. Mi raccontano che c'è un teatro lirico, e l'ultima stagione hanno dato la *Tosca* e la *Bohème*. A scuola si studia, oltre al portoghese, il francese, l'inglese, l'hindī, il konkaṇī: quest'ultima, la lingua locale degli indiani, è scritta – credo sia l'unica in India – in caratteri latini. Le antiche colonie portoghesi – oltre a Goa, Diu e Daman molte centinaia di chilometri a nord – non sono state ridistribuite tra gli Stati indiani, ma formano un territorio autonomo. Queste finezze certo agli indiani non le hanno insegnate gli occidentali.

La mia convinzione, arrivando, era che avrei trovato una grossa città di nome Goa. Lo so, sono piuttosto ignaro. La città di Goa – Goa la Vecchia – non esiste più da molte e molte generazioni: s'è lasciata alle spalle una eredità di chiese e monasteri, parte ruderi, parte gloriosamente funzionanti. Ora quel nome designa tutto il territorio, e tra strade tortuose, campi verdissimi, acque delicatamente mormoranti si acquattano villaggi che hanno un sapore di frontiera e la meticcia impurità di luoghi in cui la vita ha agito con fantasiosa morbidezza. Secondo me, l'idea di partenza di Goa, il progetto originale, doveva essere l'Arcadia. In un continente in cui tutto è su misura angosciosamente effusiva, fiumi straripanti e montagne che nessuno osa affrontare, paludi malariche e venti che struggono, Goa sembra l'unico, letterario, erudito, deposito di ruscelli, stradicciole campestri, foglie che, incredibilmente, stormiscono, animali pacifici ma un po' meno smagriti che altrove. Ecco, mi colgo in errore. In realtà, in questa Arcadia almeno un neo è chiaramente visibile: i cani. Finora nessun cane mi ha mai abbaiato contro: ma qui, nelle sagrestie cattoliche, trovo per la prima volta cani che ringhiano, mi detestano, e vengono rabboniti con staffilate: non c'è dubbio, questi cani sono moralmente occidentali. Un cane indigeno non avrebbe né abbaiato né scodinzolato; mi avrebbe ignorato totalmente. I cani indiani sono elementi sociali, ma i cani di Goa sanno di avere una collocazione nella storia, e non vogliono sottrarsi ai piani della provvidenza.

Per qualche motivo, si presuppone che la gente venga a Goa per fare i bagni: la nostra è un'età di ferro, e questa supposizione, ancorché frivola, può essere fondata. Il risultato è che a Goa esiste un ottimo albergo, ma appartato sul mare: e di lì dovete muovervi in tassì, se volete vedere le dolci meraviglie del piccolo frammento di Arcadia. Cosa eccezionale in India, i tassì sono buoni, e non vi occorre tenervi le viscere mentre viaggiate. Potete andare al capoluogo, Panaji, un borgo con monumenti; potete indugiare ai porti, godervi paciosi traghetti, delibare caste cascate e limpidi laghetti, e soprattutto si suppone che vorrete vedere le chiese.

A Goa vi sono chiese, chiesette, cattedrali, basiliche, chiesupole, chiese defunte, agonizzanti, prospere, cordiali, anacoretiche, scostanti, affabili; chiese estinte – ne restano muretti, campanili pericolanti; monasteri deserti e desolati; monasteri affollati; ci sono suore, ci sono preti, ci sono cimiteri di suore e cimiteri di preti; lapidi per vescovi, nunzi apostolici, viceré intrisi di formule sacre; ci sono cori, sacri ori, fascinosi sacramenti, paramenti nobili; altrove, rovi insultano a disfatti altari; rimbombano nobili campane, o esotici volatili si appollaiano nello spazio d'aria lasciato libero da sprofondate campane. Un candido muro può nascondere il nulla, oppure ospitare seminaristi e sacerdoti in transito. È la Roma dell'Oriente, mi dicono; ma io penso che Roma al confronto dà un po' troppo sul laico, sul profano. E poi a Goa c'è il fantasma grandioso di un santo, che dovunque fluttua: san Francesco Saverio. Qui arrivò nel 1541 dal Portogallo, di qui mosse a missioni in tutto l'Oriente, qui riposa il suo corpo in preziosissimo sarcofago.

Le chiese di Goa sono quasi tutte concentrate nella area della città di Goa la Vecchia; abbandonata tra fine Settecento e primo Ottocento, probabilmente devastata dalla malaria, la città di Goa è morta in bellezza, ha rinunciato ai suoi quartieri di quotidiana abitazione, ed è sopravvissuta signorilmente come una bacheca all'aria aperta di chiese defunte, chiese vive e solitarie, frammenti di palazzi governativi, l'Arco del Viceré. La totale scomparsa degli edifici più umili, ci dice appunto quanto fossero umili; Goa doveva essere una nobile famiglia di monumenti mescolata ad edifici di asiatica esiguità e fatiscenza. Le guide parlano della «grandezza» e dello «squallore» di Goa; in realtà, vi è solo grandezza. Anche i ruderi, come la torre della scomparsa chiesa di Sant'Agostino, non sanno di decesso, di malattie architettoniche, ma di solitudine, di regali agonie. Non si avverte il senso dell'abbandono, del luogo derelitto, ma piuttosto un che di severamente, fastosamente cemeteriale; le morte chiese di Goa riposano in un sarcofago di aria tropicale. È un sarcofago che include anche le chiese non morte, ma come appartate in una loro cerimoniale solitudine. Parrocchie del deserto, cattedrali di generazioni scomparse, basiliche semideserte in attesa di prelati, di principi, di guerrieri stancamente sconfitti dalla lenta distrazione della storia, si innalzano chiese monumentali, intatte, elaborate ma non sovraccariche, esempi di una architettura tragica anche quando è fastosa. Non vi sono le dolcezze un poco gastronomiche del barocco romano, ma le linee artificiose e severamente congiunte dell'architettura portoghese. Non sono chiese coloniali; neppure la minuscola cappella di Santa Caterina, costruita nell'anno stesso della conquista, il 1510, esiguo ricettacolo di marinai e predoni oranti. Le grandi chiese – San Francesco, costruita sulla salma di una moschea che ancora svela il suo sottostante scheletro; il Bom Jesus, la chiesa più illustre, tra le cui grandi mura, tra gli altari compatti ed aurei, volano innocenti uccelli tropicali. Al Bom Jesus esiste un capitolo di sacerdoti di preziose vesti e decoro di voce; cantano in onore di sant'Ignazio, la cui enorme statua grandeggia con una regalità da pupazzo, e in onore di san Francesco Saverio, qui accolto in una cappella, il corpo mummificato chiuso nei gioielli d'una bara di marmo ed oro. L'Oriente ama i santi, e non si cura tanto della loro certificata religione, quanto della loro qualità numinosa. San Francesco Saverio gode in Asia di una fama ostinatamente eteredossa. A Malacca, in Malesia, è ancora sacra, tra i ruderi di una chiesa prima cattolica poi calvinista, la buca che prima di Goa ospitò il suo corpo. Fu «uomo celestiale», racconta padre Bartoli, secentesco storico delle giovani glorie della Compagnia di Gesù; uomo di oscure, veramente orientali vocazioni: «spesso gli avvenne» racconta Daniello Bartoli «di sognar vivamente, che si levava in collo, e lungo spazio lontano portava un Indiano, negro quanto un Etiope, dal cui peso si sentiva premere e gravar così forte, che appena reggeva alla fatica di sostenerlo»; la sua vita missionaria, da Goa alle Molucche alla Cina, gli svelò gli «enigmi» e interpretò gli «occulti significati» di un destino baroccamente alluso in cifra. Per secoli il suo corpo, raccontano, rimase intatto, tolto il dito d'un piede che una femminetta golosa di reliquie gli staccò, dando mostra di volerlo baciare; ma fu svelata dallo spicciare del sangue, rosso come vivo. Visse, umile e intollerante, una vita di catastrofi, di burrasche, di naufragi, di febbri; e la violenza delle sue imprese consumò il suo corpo destinato alla incorruttibilità, e lo fece «stenuato e gentile». «Avea la fronte ampia, il naso decente, gli occhi alquanto azzurri, la barba nera, e i capelli castagni foschi: poscia egli medesimo in quest'ultimo anno della sua vita, scrisse: che ormai era tutto in pel bianco e canuto. Uso d'andare senza mantello», ora ha veste di marmo e oro. Alcuni anni fa il suo corpo venne esposto davanti a sterminata folla; un corpo risecco e fragile, senza più quel suo sangue miracoloso e vivo; un corpo già leso dalla precipitosa devozione dei tropici. Un uomo mite e asperrimo; rifiutò di salutare la vecchia madre, prima di partire per Goa: «avremo tempo in cielo». Si accompagnò a lebbrosi, resuscitò morti, incenerì idoli. Ora è la gloria di una città morta e regale. È il protettore dell'Arcadia, o la sua occulta malattia?

Sta avvicinandosi il momento di disertare Goa e, naturalmente, ci si accorge di avere torto; dovunque, in India la vocazione polimorfa di questo mondo incanta e svia. Qui non esiste verità, non c'è unità di misura stabile, è difficile sapere esattamente quanto è alta una figura intravista nel sogno; in una morbida tensione, qualcosa di vegetale mima l'animale, la pietra insegue la morbidezza della foglia, l'albero studia architettura, ha un debole per il barocco. L'India invade ogni anfratto come l'innocenza pervasiva dell'acqua: taciturna, macera e corrode, impaluda e nutre. Goa è unica, è irrepetibile, una delle più assurde e delicate invenzioni della storia; ma non è «un lembo di Mediterraneo», non è «la Roma dell'Oriente», non è una «San Marino cattolica e latina» nel mare dell'India: è India, uno dei fiori sempre lievemente mostruosi di questa foresta illusionistica. Da occidentale, l'ho vissuta come una raggelata ma non decrepita Arcadia traboccante di santi, di ori, di canonici in coro, tutti raccolti attorno al centro, al cuore decorato e morto della mummia rifatta infantile di san Francesco Saverio. Goa può essere letta a questo modo, come una figura retorica, una invenzione manierista, che per supremo capriccio ha scelto di farsi iscrivere in margine al più gigantesco ed estraneo palinsesto del mondo. È una immagine rassicurante, colta, familiare. Se Goa è un capolavoro del manierismo mentale della storia, i suoi ruderi eleganti sono degustabili, la chiesa di San Francesco o quella di Bom Jesus sono bizzarrie estrapolate dalla storia dell'architettura europea, e messe a coltura in un clima umido e caldo. Al centro di tutto, la salma del santo, il santo dell'Oriente, alimenta una pia raggera, una teca aurea da reliquie, da Sacro Cuore, da Santissimo. Forse che le grandi chiese semivuote e diroccate non tollerano questo vento macerato, queste palme un po' equivoche, questi fiori violacei e irrequieti – li chiamano Ebreo errante? Certamente li tollerano; anzi li accolgono, si abbandonano, si imbevono. Ma la convivenza di un santo e di un ciuffo di palme, in India, è un esperimento temerario e domestico. In un mondo in cui tutto è di vocazione simbolica, vien fatto di interpretare la sorte della salma di san Francesco Saverio. Per secoli, il corpo sopravvisse intatto in questi climi malarici e torpidi; uscì intatto da una fossa di calce; soggiornò nelle viscere della piovosa Malesia, varcò il mare; a Goa fu in gloria, in un morto trono di marmo. Ebbe attorno a sé immagini cortigiane dei suoi miracoli, delle sue opere di pietà: naufraghi condotti a riva, morti resuscitati, lebbrosi assistiti. Nel suo corpo sempre più antico il sangue permaneva rosso e tiepido.

Quel cadavere pareva il capolavoro di una fantasia manierista dentro una invenzione barocca; un'iperbole persa tra le metafore; un «concetto», una arguzia, una invenzione. Ma ora non è più così: da qualche decennio, mi raccontano, il corpo di san Francesco Saverio ha preso a disgregarsi. Passato ogni tempo di decomposizione, il prezioso morto si sfoglia, si sgretola lentamente, trapassa da compatta mummia a polvere. Qualche anno fa la salma venne mostrata in gloria: vennero in centinaia di migliaia, certo non tutti cattolici. Forse fu l'ultima volta in cui la salma apparve visibile e riconoscibile; il prodigio si sta concludendo, certo, prodigio era, come tutto ciò che accade in questi luoghi; ma fa parte dei prodigi una certa vocazione alla metamorfosi: gli dèi amano trasformarsi; irretito da una qualche sterminata e iterativa favola indigena, il corpo di san Francesco Saverio tenta la strada, ignota all'Occidente, di un avatāra, una reincarnazione. È stato sedotto, è indiano. E perché no? Gli stessi indiani che amano Śiva, che suonano i sistri e i tamburelli nei templi attorno a Goa, che ammorbidiscono l'aria di profumi e seducono gli dèi con i fiori, che lavano e ninnano i taciturni simboli delle potenze, questi stessi indiani amano il santo per tanti secoli incorruttibile. Quella immobile perduranza nel tempo non era forse un segno, tale e quale come le impronte di piedi sacri e potenti che si custodiscono nei templi, o i profili magici che si decifrano nella porosa rugosità della roccia? Forse comincio a interpretare il mio errore. Il sacro degli oggetti venuti dall'Occidente è stato accolto nel sacro del dizionario degli oggetti potenti dell'Oriente. Con il vento carico di spezie, con le dolcezze delle palme, un'altra idea del sacro ha pervaso la minuscola roccaforte delle chiese cristiane. Molti secoli prima che i portoghesi lasciassero questo frammento di spiaggia, i santi, le reliquie, gli ori, erano stati cooptati dal mondo sterminato nel pantheon labirintico dell'India. I portoghesi, dopo la morte di Francesco Saverio, avevano introdotto l'Inquisizione; esistono i resti della piazza degli autodafé; i cristiani erano feroci e degni di odio: furono odiati; ma qui l'odio è lento e paziente: è anche capace di distrazione e dimenticanza. Gli indiani ritirarono i loro templi che tuttora sono disposti attorno a Goa, alla periferia; ma non è un assedio: in realtà, gli dèi non hanno mai lasciato la spiaggia morbida, la sabbia segnata dagli invasori brutali ed effimeri. In origine i portoghesi, questi rozzi idolatri, non erano nemmeno considerati come invasori: l'India non era una patria, era un mondo, il mondo. Fu la ferocia dei portoghesi che, più tardi, spaventò gli indiani; ma quando la decadenza, così connaturale a questi luoghi, toccò le belle chiese di Goa, gli dèi forestieri vennero accolti e insediati: erano potenti. Sulla spiaggia, i portoghesi avevano alzato una grande e minacciosa statua di Albuquerque il conquistatore di Goa. Mi raccontano che quando, alcuni anni or sono, le autorità indiane vollero rimuovere quel documento di un passato tecnicamente estraneo, dovettero farlo di notte, perché nessuno se ne accorgesse; la gente di Goa amava quella bella e imponente statua di Albuquerque, certo un dio potente; non amava un leggendario ed improbabile portoghese, ma aveva accolto in India una grande e dignitosa statua: Albuquerque era indiano. Ora l'hanno messo al museo, un piccolo e ordinato museo di iscrizioni sanscrite e monete portoghesi.

Nel capoluogo, Panaji, esiste un monumento di una ambiguità difficilmente esauribile. Nel Settecento, Goa venne toccata da un brivido illuministico, vi fu una ventata di letture francesi, e nacque José de Faria. Costui fece alcune cose singolari: creò una associazione «liberale», complottò, dové fuggire da Goa per non cadere nelle mani dell'Inquisizione, finì in Francia e, diventato l'Abate di Faria, finì nel *Conte di Montecristo*, dove sopravvive eterno. Poco indiano, vero? Non so se sia poco indiana la sorte emblematica, tragica e inconcludibile del personaggio di Dumas; ma certo questo monumento è molto indiano. Raffigura un uomo in piedi, dalla faccia concentrata e fiera, e distesa ai suoi piedi è una figura di donna; quella donna dorme: come avverte la lapide, José de Faria, di Goa, fu uno dei primi sperimentatori e studiosi dell'ipnotismo. Il monumento al ribelle è insieme la celebrazione della sua devozione al sogno ed al sonno, alle morbide pareti carcerarie dell'anima. San Francesco Saverio, Albuquerque, Faria, e sempre e dovunque i sistri di Śiva. «Certo, sono cattolica, parlo portoghese» mi dice una bella dama di Goa, dolcemente; e aggiunge: «sono una brahmina, certo sposerò un brahmino».

C'è qualcosa di lievemente assurdo nell'immagine di un professore milanese e grasso in volo da Goa a Trivandrum. Una cosa che non pare congeniale né ai professori né ai milanesi né ai grassi. I viaggi hanno una loro vocazione mistificante o illusionistica che li rende fascinosi e intossicanti. Per viaggiare, dobbiamo cambiare travestimento. Mi domando attraverso quale trucco io sia riuscito a mettermi in viaggio per il Kerala; mi scopro illusionista di me stesso. L'aereo vola abbastanza basso da consentire di scorgere una delle spiagge più prestigiose del mondo, tenuto conto del fatto che praticamente io non conosco nessuna spiaggia. Tropici: palme fitte e languide, foreste, fiumi dalle foci torbide e dilatate. Una nebbia da calura fluttua tra il mare e le macchie di alberi. Questa deve essere Calicut, dove arrivò Vasco da Gama, in cerca del Prete Gianni, un imperatore che doveva stare da qualche parte tra Etiopia e Giappone, ed era cristiano. Una lingua di terra, sarà Cochin: di qui Vasco partì per Goa. E da queste parti passò anche l'ubiquitario Marco Polo, e annotò qualcosa sui legni e le perle e gli idolatri del Malabar. L'aereo scende, mi fischiano le orecchie, e vedo sempre più un fittume di foreste, acque femminili, nuvole accaldate e basse: questi sono tropici tropicali, altro che Goa. Ora sorvoliamo, bassi bassi, un folto d'alberi e fra mezzo si vedono case, e quello che non mi aspettavo, chiese. Credevo di aver fatto il pieno di chiese a Goa, ma il Kerala è un brulichio di chiese: minuscole, poco più che cappelle, ma tutte con in cima la croce. Siamo proprio nell'impero del Prete Gianni.

Quando, stordito dall'aria bassa e morbida d'acqua, mi incammino verso il centro della città, vedo da tutte le parti bandiere rosse e falci e martello: ogni tanto una chiesa. Non sarò mica arrivato in una colonia emiliana? Vedo per la prima volta, sui muri, «Indira Fascista». Il mondo è piccolo. Percorro la lunga strada che è il cuore di Trivandrum, una strada alacre, irrequieta, colorata, piena di negozi, e, incredibilmente, di librerie. Altre bandiere rosse.

L'albergo che mi è toccato è altamente improbabile. Dagli accoglienti hotel di Bombay e di Goa vengo spedito in una locanda che farebbe singhiozzare Kipling: di pura felicità, intendo; ma io non sono Kipling. Su una lunga veranda danno alcune decine di camere; le porte a battente si chiudono con un lucchetto. Dentro, grandi stanze con i letti in mezzo e sopra enormi ventilatori; nel bagno hanno messo una vasca arcaica, deperita, che studia da catafalco. Inutile adoperare il condizionatore: ma ci si può fidare del ventilatore, taciturno e indaffarato; uno schiavo. Non mi sono mai sentito tanto all'estero come in quella stanza: gli oggetti parlavano sottovoce della regina Vittoria e del rājā di Travancore; un bizzarro armadio cresciuto per il lungo è d'avviso che Gandhi sia un estremista. Ogni tanto arrivano delicati domestici anziani e inchinevoli e ansiosi di farti sapere il loro orario, affinché non capiti che, sbagliando indiano, tu dia la mancia a qualcun altro.

Se vuoi mangiare all'occidentale, devi accontentarti di pollo cartonato: ma il cibo cinese è buono. E alla ricevitoria c'è un giovane che parla buon inglese e studia il russo. Il Kerala è irrequieto.

Percorro la strada che dall'albergo porta al grande tempio di Śrī Padmanābha. È una strada lunga ma credo che in India sia abbastanza unica. Ecco subito due chiese: una cattolica romana, ed una cattolica siriana. Infatti, comincia nel Kerala una delle storie più oscure e affascinanti delle origini cristiane. Vasco da Gama trovò cristiani, ma non proprio romani. Si dicevano discepoli dell'apostolo san Tommaso: e in tutta questa parte dell'India san Tommaso è assai popolare, più leggendario ma non meno prestigioso di san Francesco Saverio. In tutto il Kerala chiese siriane e chiese romane si mescolano, e non mancano moschee e, a Cochin, anche le sinagoghe. Mi dicono che lì ci sono ancora ebrei, da tempi immemorabili. La singolarità dell'India, la sua sfrenata fantasia religiosa qui nel Kerala si colora di qualcosa di inedito. È una diversità arcaica e moderna. Qui non è più l'India degli ariani che parlavano sanscrito e devastavano gloriosamente i poveri insediamenti degli indigeni; questi sono per l'appunto gli indigeni. Le loro lingue vengono scritte in meravigliosi alfabeti sinuosi come baiadere: ammiro scritte mirabili sui muri, sui giornali, sui libri. Tutto il Sud dell'India è abitato da questi antichi dràvida, irrequieti, alacri, fantastici, curiosi, colti. Mi dicono che il Sud è culturalmente determinante per il mondo indiano, e non da oggi: e la stessa religione è stata rifatta dalla intensa fantasia intellettuale del mondo dei conquistati. Sta di fatto che non ho mai visto tante librerie da che sono in India; e v'è questo di nuovo, che talune sono librerie politiche. Sosto a chiacchierare nella libreria comunista e in quella del Partito comunista marxista. La prima appare molto ortodossa, molto meticolosa: non è una libreria di «Rinascita». Ha un'aria ufficiale, tranquilla. La seconda è rancorosa e frustrata. Trovo nella prima abbondanza di economici opuscoli che spiegano perché il Partito comunista appoggia Indira Gandhi nella politica della emergenza; ma nella seconda non trovo nulla che spieghi perché il Partito comunista marxista è contro. «Non ce lo lasciano pubblicare» mi dice con dura calma un giovane occhialuto. Ma le due librerie sono aperte, in nessuna delle due c'è molta gente, qualche discorso di politica lo si fa, con calma.

Qui, per la prima volta, ho la sensazione di quanto si sia inaridito il mito di Gandhi. Per gli uomini della sinistra mi pare privo di qualsiasi interesse; avvertono fastidio per questo indiano strutturalmente arcaico, legato alla vecchia ed emotiva ideologia del villaggio. Non credono alla sua non violenza: «Gandhi» mi dicono «era non violento come i puritani sono casti». Intellettualmente impreciso, storicamente ignaro, ossessivamente moralistico, Gandhi è il simbolo di un'India che molti indiani ricordano con disagio, le grandi illusioni della indipendenza; in ogni caso, Gandhi ha perso. Resta qualcosa della sua predicazione? Il Partito del Congresso della signora Gandhi coccola quel che rimane di quel partito di coraggiosi, taciturne larve nonagenarie. Ma se qualcuno che proviene da quella tradizione cerca di far rivivere quanto c'era di ribelle, irrequieto in quel movimento, e si rivolge ai miserabili insoddisfatti del karma, come ha fatto Jayprakash Narayan, il fascinoso e demagogico capo dei socialisti, arriva l'emergenza e lo mettono in galera. Dicono che l'emergenza sia stata in gran parte escogitata per tener a freno Narayan; e sta di fatto che venne proclamata pochi giorni prima di un grande comizio di costui a Nuova Delhi; e Narayan era asperrimo accusatore della signora Indira e del suo governo che definiva di «sicofanti». Ma le sinistre non lo amano. Per i comunisti classici è un «fascista» e un «provocatore» e comunque un «irresponsabile»; per gli altri è un infido, estremistico prodotto della ideologia del villaggio. Se ne possono ricavare solo esasperati tumulti contadini, politicamente inetti: nessuna rivoluzione. Ma Narayan resta, in India, straordinariamente popolare, l'unica alternativa mitologica politica alla signora Gandhi. Ho l'impressione che la debolezza di Narayan sia tutt'uno con il suo fascino collettivo: è specificatamente indiano, è intensamente indigeno, e rappresenta o interpreta quelle masse che hanno sempre sentito la macchina del governo, dello Stato, la supercasta dell'establishment indiano come qualcosa di tuttora coloniale, una macchina inventata altrove e portata e montata pezzo per pezzo in India. È la rivolta di quei poveri che non hanno mai parlato inglese. E in India la politica è ancora essenzialmente materia da lingua inglese. Si stampa un maggior numero di copie di giornali in inglese che in tutte le lingue locali, che pure stanno rapidamente uscendo di minorità. Uno scrittore indiano che aspiri ad esser letto in tutta l'India deve esser tradotto in inglese. Eppure è chiaro a chiunque percorra l'India che l'uso dell'inglese sta diventando sempre più ineguale. L'inglese perfetto degli intellettuali, dei politici, dei professori si sovrappone ad una nazione che parlotta un inglese per turisti. Accanto agli scrittori di lingua inglese, nasce in India dovunque una letteratura, un sistema di letterature locali: e qui nel Kerala si vantano di una letteratura brillante, «impegnata», scritta nel locale malayālam ed hanno almeno uno scrittore tradotto in molte lingue, Pillari; da come me lo descrivono, amaro, realistico, e di grande prestigio e successo, una sorta di Moravia; e, tra l'altro, appunto di Moravia mi chiedono notizie, e poi di Fanfani. Vogliono sapere se è primo ministro, e io con enfasi mediterranea preciso, chiarisco che no, che no, che no. E mi incammino tra riposanti bandiere rosse verso il nobile ed eccellente tempio, Śrī Padmanābha.

Ad una estremità della lunga strada attorno alla quale si schierano le minuscole, litigiose e meridionali casette di Trivandrum, si alza un nobile tempio dedicato a Viṣṇu, sotto il nome di Padmanābha. Il Kerala è viṣṇuita, cioè vi prevale il culto di Viṣṇu, mentre in tutto il Sud fiorisce il culto del dio Śiva. Ho cercato di farmi spiegare da indiani colti le specifiche differenze, e ne ho concluso che codesti indiani ne sono del tutto ignari. Giudicavano la mia domanda «interessante» e parlavano d'altro. Qualcuno mi disse che i viṣṇuiti sono più fedeli alle origini arie, che deve essere affermazione priva di senso. Un libretto del principio del secolo, scritto da un metodista estremamente terragno, W.J. Wilkins, vede nei seguaci di Viṣṇu i resti occulti del buddhismo scomparso dall'India; Vivekānanda, di cui parlerò tra poco, considera i viṣṇuiti eredi del filosofo Rāmānuja, del Kerala appunto, che predicò una interpretazione dualistica dei Veda: Dio creò il mondo da materia estranea, e l'anima non si perde in Dio ma a lui si affianca; gli śivaiti sono monisti, il mondo è nato da Dio stesso. All'occhio dell'occidentale che assiste ai riti e vede i templi, l'impressione è che Viṣṇu sia un dio narrativo e pedagogico, Śiva, con la moglie Pārvatī, una divinità lirica ed estatica; forse riassumono le differenze implicite dei due culti i sacri simboli che i fedeli si dipingono in fronte: verticali, i seguaci di Viṣṇu, orizzontali, gli śivaiti. A Viṣṇu fanno capo i due grandi poemi indiani, il *Mahābhārata* e il *Rāmāyaṇa*, che ne celebrano le glorie nelle incarnazioni di Kṛṣṇa e di Rāma; e nel *Mahābhārata* si colloca il poemetto dialogato della *Bhagavadgītā*, nelle cui sentenze tutta l'India religiosa si riconosce. Ora, i meridionali hanno grande amore per le belle, teologiche e paladinesche imprese, per le grandi e mirabili fantasie, e adoperano i templi per raccontarle. Sono davanti al tempio di Padmanābha, nel cortile del quale si affacciano venditori di cuscini, di statuette messe assieme con valve di conchiglie, di brutte cartoline. È un tempio esclusivo, ed io, esotico e reso sostanzialmente impuro dalla mia viziosa propensione per il lesso misto, non posso accedervi. Posso ammirarlo dall'esterno, ed è appunto quel che intendo fare. A Bombay avevo visto templi che avevano l'aria di disordinati luna-parks per dèi, o depresse bidonvilles numinose; festoni di carte colorate, fiori, frontoni variopinti facevano della sacra dimora un luogo di rustica e sgarbata festa; a Goa avevo visto templi a cortile, con una dignitosa garitta, off limits, per gli dèi, e le belle torri delle luci, cui si appongono lunghe file di candele. Erano rispettivamente baracconi e case rustiche ad uso sacro; gli uni e le altre avevano quel sapore di fatiscenza che in India è consueto a tutto ciò che è edificato. Ma qui è un'altra cosa. Mi dicono che questo tempio è altamente tipico, e tanto vale che lo guardi con attenzione. L'aspetto esterno mi dice che sono in un altrove tra gli altrove di cui è fatta l'India. Costruito in duro sasso, il tempio presenta una bassa facciata sulla quale si aderge l'inverosimile capigliatura del gopuram. È questo, una costruzione a più piani, in questo caso sette, da un piano più largo subito sovrapposto alla facciata, fino al culmine angusto. Ma non sono piani di un edificio: sono strisce di sculture. Raccontano i miti di Viṣṇu, in «strisce» brulicanti di dèi, dee, eroi, animali, mostri, armi, alberi, battaglie; l'impressione è di una gigantesca chioma scultorea, compatta da non consentire aria o tregua tra capello e capello. Questi scultori ignorano l'aria, lo spazio, la scansione: la densità è quella del caos, ma l'ordine è militaresco, maniacale. Il mondo indiano mi presenta quell'edificio inimitabile e impenetrabile che ho già sospettato nel museo di Bombay; una cerimoniosità plastica che si rallegra della iterazione; anche la scultura è litania e la narrazione un rombo vocale, una proliferazione di corpi che fa pensare ad una sterminata bocca in trance che svolge ossessivi nastri ectoplastici. Che il tempio mi escluda dai suoi penetrali, mi pare ragionevole e in nessun caso oserei insistere.

Sulla strada di Capo Comorin incontro un altro tempio della medesima vocazione: mi raccontano che l'interno contenga una gigantesca pietra, che è cosa sacra e potente; e, in linea di massima, potrei anche entrare: solo, dovrei spogliarmi dei miei abiti europei e in specie di quella cintura che si sospetta di vitello, e vestirmi di un dhotī, quella stoffa che gli indiani portano attorno al corpo. Mi rifiuto di denudarmi e rinuncio al sassaccio. La guida deplora. Anche questo tempio è andato dal medesimo parrucchiere, ed ha l'aria impettita e scostante.
Sulla stessa strada si acquatta la derelitta reggia dell'ultimo mahārājā di quello che fu il Travancore, fuso poi con il Cochin a formare il Kerala. È quasi tutta in durissimo e splendido legno, parca di ornamenti, da re omerico, con un nobile giaciglio per Viṣṇu e accorti matronei dai quali le donne della reggia occhieggiavano le danze. Il giardino è modesto ma non abbandonato. È una piccola reggia, e tuttavia non fu ignara di orientali efferatezze e bizzarrie da viaggiatore curioso: quella gran pietra tonda sul pozzo serviva per misurare le forze degli aspiranti alla guardia del corpo del mahārājā. Ogni tanto qualcuno veniva decapitato o schiac-

ciato dall'elefante giustiziere. Ora non restano neppure i fantasmi. Il nome Travancore ricorda che questa fu una terra privilegiata. Durante il dominio inglese, il Travancore era uno di quegli Stati che godevano di autonomia interna, e che sono scomparsi solo con l'avvento della indipendenza giacobina di Nehru. Non solo: ma tutto il Sud, la punta dell'India, non venne mai assoggettata né da Aśoka – e dunque fu limitatamente indianizzata – né dai moghul; in questo luogo anario si trova una coerenza indiana che altrove non ha l'eguale.

Perché andare a Capo Comorin? Certo, c'è il prestigio infantile dei libri di geografia: il punto più meridionale della terra ferma indiana, poi il deserto delle acque che si spinge fino al polo Antartico. E la bizzarria astronomica: il sole sorge alla sinistra di chi sta in piedi sul Capo, e scende sulla destra; come vedrò, un orologio disegnato a terra, indica quando, a seconda del giorno, codesto sole sorge e tramonta. Ho letto che non mancano gli adoratori dell'astro. Un Capo, inoltre, a parte la notorietà, ha una certa dignità geologica, è una estrosità della natura. Sarà proprio a punta? Infine, ho letto che al largo di Capo Comorin stanno alcune isolette, raggiungibili con barca, e che in una di quelle Vivekānanda nell'anno 1893 si ritirò a meditare, prima di partire per la sua missione in Occidente. E ora vi hanno costruito un sacrario.

Bella è la strada per il Capo Comorin, ma il Capo è, un'altra volta, un baraccone; gitanti, banchetti di cibi, file di suore biancovestite, barche, venditori ambulanti: l'ombelico del mondo è festoso. Il mare è calmo, al largo appaiono le due isole; sulla maggiore, un brutto edificio un po' pacelliano commemora la meditazione di Vivekānanda. Costui è morto, non ancora quarantenne, nel 1902: ma delle generazioni dei «maestri» è forse l'unico ancora popolare. Fu allievo del misterioso e affascinante Ramakrishna, vagabondò per l'India, conobbe la miseria, fu missionario in Occidente, e creatore di quella Vedānta Society che ancora prospera in California, e che ha persuaso menti secche e lucide come Isherwood, o il satirico dimissionario Aldous Huxley. Vivekānanda gode di grande prestigio in India e per il mondo, è uno degli spiegatori del mistero indiano all'Occidente. Istintivamente, ne diffido. Eppure non gli posso negare una tal quale simpatia: i ritratti ce lo presentano grasso, con una faccia terrestre; ma su di lui si intravedono i segni di quello «spirito», che va dalla teosofia ai Veda, da Madame Blavatsky a Gandhi, e che ad un certo momento finirà nell'ultimo dei profeti, Krishnamurti. Forse è un ragionamento disonesto: in tutto ciò sospetto una sdrammatizzazione cosmica – l'Eternità volgarizzata – che mi ripugna assai di più del gioco del lotto delle napoletane sognatrici. Forse, un occidentale, cristiano o ex, senza tragedia non consente, senza morte non vive. E tuttavia Vivekānanda doveva essere un personaggio singolare: un grande organizzatore, un demagogo del Vedānta, anche un umorista. Ora lo celebra sulla sua isola un ricetto che accoglie un levigato disegno della sillaba sacra, OM, e bisogna star zitti e togliersi le scarpe, eventualmente meditare. Una volta gli accadde di dover spiegare in America quale fosse la differenza tra Occidente ed India. Disse all'incirca: «Se qui in America un gangster vuol mettere assieme una banda dovrà in primo luogo cercarsi un obiettivo ragionevole: una banca da scassinare, un treno da assaltare. In India, con questo metodo non combinerebbe assolutamente nulla; nemmeno lo ascolterebbero. In India dovrebbe cominciare con vaghe profezie, prediche, citazioni dei Veda e della *Bhagavadgītā*; per concludere, dovrebbe mettere assieme una qualunque metafisica, comunque raffazzonata, meglio se altamente improbabile; a quel punto, trovare una banda e passare alla delinquenza mondana sarebbe un gioco da bambini». «In India» disse anche «si mangia, si dorme, si cammina, solo religiosamente». Non ci sarà salvezza per l'India se non religiosa. L'India non è e non può diventare Occidente. A Bombay, presso la Porta delle Indie, c'è una statua

dedicata a questo pingue e dignitoso profeta, e sul piedistallo una citazione: «Voi, divinità di questa terra! Peccatori! Peccato è chiamare l'uomo in questo modo; una calunnia del genere umano. Levatevi leoni, scuotetevi di dosso l'illusione di esser pecore; anime immortali siete, liberi spiriti, eterni e santi; non materia, non corpi; la materia vi è serva, non già voi suoi servi».
Bello, vero? Non manca di finezza; ma, come dire, un po' troppo sull'esclamativo.

Sono a Madurai, a cinquecento chilometri a sud di Madras; ed è da Bombay che penso a Madurai. Ho cominciato ad averla in mente all'aeroporto di Bombay, quando stavo per partire per Aurangabad, e l'occhio mi cadde su una freccia ornata d'un nome morbido, meridionale: Madras. Di Madurai mi avevano parlato dei giovanotti magri e adusti, tra le rocce da gioielliere di Ellora: venivano dal Sud, e parlavano del grande tempio: «vada a Trivandrum, o forse è meglio a Madras, ma vada, vada a Madurai». A Goa chiedevo notizie di Madurai, come di un anziano e spazioso parente, un sedentario che occorre stanare se vogliamo incontrarlo: in giro non va più, tutto perso nella pinguedine del suo fasto e della sua onorabilità. No, da Goa non si può andare a Madurai, provi da Trivandrum; ed ho assaggiato il Kerala, sempre pensando a Madurai. Ma anche da Trivandrum, in quella stagione di fine monsoni, non è facile andare a Madurai; meglio tentare da Madras. Ed ora eccomi a Madurai. È questa, una città sacra, o forse santa; un luogo investito da una tale aggressione di numinoso che non pare vi sia spazio per altro. Certo, è anche una città, non grande, ma quanto basta per accogliere tutti i malesseri e le iniquità delle convivenze: ma questo luogo umanamente malsano si raccoglie attorno ad un tempio sterminato, una città templare, un labirinto, una rete, una associazione di luoghi sacri, un comizio di simboli, un frantumato coro di grazie, di insinuazioni, di allettamenti, di propiziazioni, di duoli, di pie frodi, di accattonaggio, di furti da uomo a uomo e da uomo a dio, di cantilene, di giochi cerimoniali, di arcaiche feste, una gargotta, una taverna nella quale si mesce Dio, o forse dèi di diversa annata, coltivazione, corpo e retrogusto; un balipedio per furori devozionali, un campo di bocce per giocare con piccoli dèi, sottomuro con il figlio di Śiva; un lunapark teologico, nel quale fa gran festa il dio elefante Gaṇeśa, dalla zanna spezzata, giacché usando quella a mo' di penna trascrisse il *Mahābhārata*; piscine purificatorie; sacri bordelli sulle cui colonne si accoppiano i mistici devoti del sesso illuminante, nel rosario delle giaciture del *Kāmasūtra*; corridoi dove dormono sul pavimento le famiglie, fra un frastuono di canti e declamazioni ritmate, melopee composte dai poeti ufficiali del tempio, in onore di Śiva e la consorte Pārvatī; anfratti astrologici, dove si schierano le minuscole nove statue – sette pianeti, luna e sole – attorno alle quali nove volte dipanano l'itinerario del corpo i devoti propizianti, serre di subitanei odori, e di lenti indugi di legni profumati; mille colonne non fanno che una sala, un maṇḍapa, un riparo, che a notte, a lume di torce si vanifica e moltiplica in una rete di ombre, di fantasmi; qui si venerano Śiva e la moglie Pārvatī, ma costei in questo luogo viene da assai lontano, dai culti del Sud selvatico, prima che arrivassero dal Nord gli invasori: qui si venerava la dea dagli occhi di pesce, Minākṣī; e costei, godendo della infinita plasticità della numinosità indiana, si è sciolta nel corpo, a sua volta instabile, di Pārvatī, ed è ora la madre di Subrahmaṇyam, di cui mai fu gravida. Quante persone affollano giorno e notte il tempio di Madurai? Forse diecimila, forse ventimila. Imperfetto quadrilatero, ogni lato interrotto da un gran portale su cui si librano i piani fittamente scolpiti e policromi, la folla degli dèi che si raccoglie e aggroviglia, celesti parassiti, nella mostruosa capigliatura di pietra che si inerpica a sommo di ciascuna porta; e ancora all'interno altri minori pinnacoli, gli ossessivi gopuram dell'arte sacra del Sud; e dovunque stanze, passaggi, sale, ripostigli, luoghi per dèi irrequieti e dovunque il liṅgam, il simbolo fallico di Śiva, insieme forma di violenza e di fecondità, come Śiva, che distrugge e genera, terribile e dolce, non diversamente da Pārvatī, che come Kālī resta «la madre», colei che si rivela solo a chi osa scommettere la distruzione del proprio corpo, come fece Ramakrishna. Oh, si divertono gli dèi, tra le mura del tempio-città di Madurai: ecco le minuscole statue metalliche di Śiva e Pārvatī che vengono accoccolate su di una altalena, e tutte le sere, dalle sei alle sette e mezzo, vengono fatte ondeggiare, pacatamente, e poi ricondotte con breve processione ad uno dei loro innumeri ricettacoli. Qui per gli dèi si dicono poemi, si rileggono antiche favole, si ninnano i sempre svegli, si coccolano e accudiscono gli immortali, i generanti e sterminatori; ragazzini apprendono i canti che moduleranno da adulti, perché gli dèi li attendono; per gli dèi si raccolgono fiori, si ardono balsami; e l'ospite cammina tra un crocidio di ingabbiati pavoni, santi e devoti. Lo straniero non entrerà nel centro dei centri, dove si adora la presenza del nume; ma dovunque si muova, in qualunque ora del giorno, sarà immerso in un'aria grave di sacertà, ed insieme un'aria giocosa, un ritmo da divertimento infantile, non già svago e diletto, ma qualcosa di leggero, di facile, di anticamente familiare. Qua e là, qualcuno accoccolato disegna col gesso effimeri maṇḍala, i geometrici simboli la cui contemplazione agevola la meditazione; e mi dicono che per tutta la città, all'alba si disegnano maṇḍala destinati a durare un giorno; qui la religione indiana si svela nella sua forma più antica e fantastica, e corporale: qualche cosa che nessuno dei libri che avevo letto mi aveva suggerito. Aggirandosi per lo sterminato tempio di Madurai, si avverte qualcosa che si vorrebbe chiamare «il modo asiatico di scoprire gli dèi»: un procedimento che si alimenta da una vocazione ai sogni, e da un lato ne ha l'infinita inconsistenza e l'erratica inventività; e, insieme, riesce a pietrificare codesta materia sognata, lasciandole tutta la sterminata dilatazione labirintica, la genealogia delle incarnazioni, tutte successive e tutte contemporanee. Come nel mondo carnoso e velare dei sogni, qui non è luogo di vero e di falso, ma di una potenza fantastica, qualcosa di violento, di schernevole, di ridevole, di losco come può esserlo un animale di sottobosco, ingegnoso di pelame e furbo di membra; una religione che ha la mortalità e la complicità morbida delle viscere; che, come un corridoio di sogni sigillati in un animo affettuoso, alterna e allaccia incubi, rivelazioni, enigmi, parole insensate, solenni discorsi appena iniziati e subito inafferrabili, profezie, misteriose gioie di volo e di dirupamento, di perdita di sé, o nella morte o nell'estasi. Vi è un legame di parentela e di complicità, un gioco da praticare nell'ombra, tra devoto e nume; ma non c'è il solenne, lo scostante, il discontinuo. Il dio, quale si sia, è affollato di donne, di uomini, di bambini: ma anche di animali, di mucche, di bovi, di pavoni, di serpenti, e anche di alberi e di sassi. Penso, certo arbitrariamente, a questi dèi come a luoghi miracolosi ma assolutamente quotidiani, dal momento che in India non esiste luogo che non sia contaminato dal sacro; e il tempio è una nursery di prodigi, di segni, di giochi – qui un'altalena, là un attento scarabocchio col gesso, un uomo ondeggia lateralmente il capo e si tiene con la mano destra l'orecchio sinistro, con la sinistra il destro. Vi sono anche i mercanti, ma non sono i mercanti del tempio perché gli dèi non sono impervii: vendono immagini, sommarie statuette di legno sacro – medicano il mal di ventre dei bambini. Forse a qualche lettore verrà in mente quella sciocca parola europea, superstizione; non v'è parola più inutile a descrivere la condizione religiosa indiana; nulla si incrosta o sovrappone ad altro; il catalogo dei riti, delle invenzioni, dei miti, delle fiabe, delle formule, delle cantilene scende nel cuore, nel centro del corpo dell'uomo religioso. Costui non fa ricorso né ad una teologia né ad un rituale vincolante; se volesse, potrebbe accedere a parecchie teologie simultanee. L'indiano religioso conosce la propria religiosità nella misura in cui conosce se stesso; lui, l'indiano, è la sua stessa superstizione: e, di fatti, si sa effimero, infinitamente nascituro e infinitamente morituro. Non è la realtà che inventa una dubbia fantasia sovrumana. Il religioso e il nume sono parenti nel fantastico, partecipano della stessa infinita fecondità delle immagini, della loro eternità e della loro impermanenza. Dei e uomini giocano un unico gioco, che li apparenta e li svela reciprocamente. Una religione come quella che vedo muoversi davanti a me – alla maniera dei documentari che accelerando svelano i moti dei fiori – non è predicabile, non vuole convincere, e sebbene sia totalmente aperta, è perfettamente impervia. Se fosse materia di scelte mentali, la mia mente potrebbe accedervi; ma se per mia sventura ciò accadesse, quella mente non sarebbe più mia e sarebbe sola. Da quanto tempo abbiamo perso l'arte di pietrificare i nostri sogni? Le nostre viscere laiche sono ridotte alla povera libertà e follia delle malattie psicosomatiche. E per questo, uscito dal tempio, sosto accanto al minuscolo santuario e alla sterminata piscina sacra a Māriyamman incarnazione di Pārvatī, cui è devoluta la tutela della salute: nel rustico sagrato si cuociono dolci, si accendono minuscole torce, giocano bambini; una ragazza sacrifica alle forbici una splendida chioma che dedicherà alla dea mite e povera. Se volesse saperlo, la femminetta miracolosa potrebbe inserire nella sua cantilena la constatazione che per noi, illuminati inventori della «superstizione», non c'è più niente da fare.

Sono a Madras, e sto male; oh, il mio corpo non c'entra; moderatamente efficiente, attende ai suoi compiti con diligente monotonia; forse le gambe sono un po' rattristate, ma molto non dicono. Per quanto mi sia sgradevole supporlo, l'anima, il di dentro, la fodera è quel che soffre. La mia competenza in angosce si trova di fronte qualcosa di inedito. Ho la sensazione che il tempo si trasformi in un muro, e che per invecchiare io debbo procedere dentro quel muro.
Qualcosa mi ha inchiodato a Madras, tra tutti i luoghi dell'India, qualcosa che non vedo, non capisco, ma che so che nasce da una miscela catastrofica di Occidente e di Oriente. Madras è una gradevole città, vastissima, ma relativamente meno affollata delle città indiane; grandi parchi separano quartieri pacati. Ha un amabile lungo mare. È perfino una città distensiva. Perché il mio Occidente e il mio Oriente si sono trovati reciprocamente intollerabili appunto a Madras? E poi non è esatto: l'Oriente non si oppone, non affronta, non sfida; esiste, ed è intollerabile. Ma che cosa è questo terribile e mitissimo esistere, questa porta spalancata di una casa in cui non puoi né entrare, né dimorare? Questo benvenuto nel nulla, nel-

la giungla, nella terra, nella carne peritura e immortale? Madras è una città morbida, ma è fitta di strani segni. Qui è la bella e delicata sede della Società Teosofica, che in India significò una drammatica commistione di un Oriente e di un Occidente egualmente impoveriti, e diversamente sconfitti. Qui visse la bizzarra Annie Besant, l'allieva di Madame Blavatsky, Grande Madre dell'esoterismo europeo: la Besant era una dura positivista e subitamente «seppe» di essere stata innumere volte indiana, e si fece indiana, ed ebbe tanto prestigio da divenire suprema esponente dell'allora acerbo Congresso dell'India; ora, ha una statua sul lungo mare; e un'altra statua ha un prete cattolico, nascosto sotto un nome indigeno; e qui a Madras Vivekānanda riparò a meditare, nel suo viaggio per l'India, prima di ritirarsi nell'eremo di Capo Comorin; e qui è sepolto il misterioso san Tommaso, colui che fece cristiana l'India del Sud; e ancora se ne conosce la grotta: la descrizione che ne dà il Bartoli è esatta e pedante. San Tommaso, aveva scritto Marco Polo, è sepolto in una terra famosa per i pavoni: e il quartiere di Madras dove la sua chiesa ospita un corpo che ne porta il nome, si chiama «casa dei pavoni». Madras è a non molti chilometri da Mahābalipuram: un luogo che per l'occidentale ha un bizzarro fascino; giacché egli ha l'impressione di assistere a tutte le fasi della nascita di un tempio, come essere organico, corporale, non costruito: dai bassorilievi sulle rocce, alle rocce scavate a fare un finto pronao, a tempietti che imitano i carri degli dèi e che sembrano sacri edifici miniaturizzati, senza viscere, fino all'unico tempio i cui resti indugiano vicino al gran mare. Tutta questa terra ribolle templi, reliquie, visioni, conversioni, reincarnazioni: ma è tutto senza furore, una germogliazione vegetale sterminata e tranquilla. La mia aggressività occidentale è caduta verso l'interno, ho conosciuto una implosione, e qualcosa, un rudere, un cadavere, un vuoto, brucia nel mio interno. Non conosco più la combinazione per uscire da me stesso. Qualcuno mi ha chiuso a chiave? Qualcuno ha chiuso a chiave il tempo? Qualcuno mi sta suggerendo che tutto ciò in cui dimoro, carne e aria e hotel, non è che un progetto di sarcofago? Dal panico si può fuggire: ma se uno è diventato il proprio panico? Ci si può svestire di un corpo subitamente diventato di molte misure troppo angusto? Posso andare a spasso e lasciare me stesso all'albergo ad attendermi? Veramente, tutto è cominciato a Pondicherry – la vecchia Pondychéry, con le scritte francesi e i vigili col cheppì. Una città morta? In India, tutte le città sono in ragionevole misura morte e vive; e se Pondicherry, già francese, ha un sentore più insinuante di decomposizione, si compenserà con una razione extra di anima. Qui è l'ostello, l'āśram, di Aurobindo: e vicino alla città si sta costruendo, dicono, Auroville. Mi reco all'āśram; mi accolgono con eccessiva mitezza, mi danno una stanza sterminata, e deserta; un lettino, un ventilatore pantocrator, una latrina per venti persone ma con un minuscolo lavabo e un clandestino orifizio deiettivo. È ovvio che tutto il resto dello spazio di questa caserma derelitta deve servire a ospitare l'anima. A questo punto vengo preso da una sorta di repulsione, in cui sono già i semi del panico. Non ho paura del tempio indiano, che mi affolla e desola, non temo il crescere vegetale del luogo sacro, e se le mie entragne intonassero litanie sanscrite – ma non lo faranno – non mi spaventerei: ma questo sapore asettico di perfezione, quel gran sorriso benevolo e perdonante con cui vengo accolto, infine quel tempio deserto in cui vengo collocato, tutto ciò mi fa orrore. «Tempio deserto» ho detto: non sarò finito in una congiura destinata a trasformare i congiurati in altrettanti dèi? Quanto mi separa dalla levitazione, dalla illuminazione, dalla benevolenza, dalla dulcedo? La mia atavica predilezione per la notte, l'occidentale, anchilosata ma irriducibile fuga per le tenebre, verso le tenebre, tutto ciò riappare sconvolgente. Chiedo, il mio corpo chiede la sproporzione, il terrore, lo sbaglio, giù le mani dalla mia anima, anime salvatrici! Io conosco la tua felicità, la tua dolcezza: il nostro è un incontro di falsari, ma si dà il caso che ci conosciamo a fondo. Tu, vecchio vizioso e santo, mi offri una carta ufficiale per uscire dal carcere: quasi non sentissi il frastuono delle catene e delle forche. Vade retro, anima! Io non fuggo, evado. Ed eccomi di nuovo in precipitosa corsa per le stradicciole di una finta città francese, verso una corriera assediata da mendicanti. Guardo con tenerezza complice gli uomini delle piaghe – i malati, gli astuti, i derelitti, i furbi. Noi non diventeremo perfetti, vero? Non illumineremo nessuno. Non sarà concesso di salvarci. Diecimila lampadine fulminate da veridici fulmini per rischiarare la nostra notte. La memoria del fulmine che ci ha toccato basta a produrre un fantasma d'ombra. Via, a Madras. Ma qualcosa continua a inseguirmi. La stanza di Pondicherry mi insegue. È una sposa abbandonata incinta. Mi si abbarbica, e per percuoterla debbo percuotere me stesso. Per un istante interminabile io mi sento catturato dall'India – ma che cosa è l'India? Se è un «altrove» mi sfinisce, ma non la temo; quel che temo è questa capacità, illusionistica e metafisica, di illudermi che l'altrove sia non solo a portata di mano, ma dentro di me. Il vecchio di Pondicherry continua a sorridere, e attorno a me, addosso a me, lo spazio e il tempo si deformano – non è una metafora – e io slitto e faccio del mio corpo occidentale un davanzale cui mi appendo. Non oso guardare sotto ai piedi, né sono certo di averli.

Passando non so più per quali cunicoli, grazie a quali documenti falsi, aprendo porte tra discontinui spazi, sono arrivato a Calcutta. So che non ho perduto il contatto con la monacale spia di Pondicherry, ma è lontana, alle mie spalle. E Calcutta mi chiama con una gran voce: è una roca voce di carne malata, una festa epidemica, il clangore dei devoti della dea Kālī – la Madre – un luogo decrepito e giovane, un cadavere neonato. Non voglio sapere se quel segno delle labbra sia riso o lebbra. Sono nella città deforme, e il suo benvenuto terribile e senz'ira, io l'accetto. Sono nel centro di Calcutta, un centro astratto, mentale, paradossale. È uno spazio vuoto ma non deserto, lungo chilometri, che separa l'abitato dalla corrente del fiume Hooghly. Io cammino per questo spazio, e faccio l'inventario degli oggetti, degli esseri tendenzialmente anche se clandestinamente vivi che qui si affollano. Mi sento un allievo monatto. In questi chilometri trovo tutto: baracche di venditori ambulanti di cibi, cani, pozzanghere, liquame, una vegetazione anonima e pervasiva, feci; se mai la divinità del colera si è scelta una sede per il suo tempio sempre aperto, deve essere di questa sorte. Si può camminare per quel luogo vuoto fino a non avvertire se non come molto lontani i rumori della città. Calcutta è accampata attorno ad un vuoto. Se continuerete l'inventario di quel nulla vedrete un grande ed isolato minareto, un monumento bellico, campi da corsa, un accampamento di profughi dal Bangladesh, e dovunque quella minima, anonima vita, o morte, che è il terribile fascino di Calcutta. Se non avete visto

Calcutta voi non avete visto, non già l'India, ma il mondo. È una città impossibile, inesistente, una allegoria, un labirinto, un incubo, una rivelazione. Questa città, e forse essa sola, è già pronta per il giudizio universale; forse, ignari, a Calcutta siamo già dietro le quinte, nel guardaroba della fine del mondo. Tutti, anche le guide turistiche, raccontano l'inaudita miseria di Calcutta; ma la miseria è ancora un concetto quantitativo: di nuovo sconvolge e abbaglia lo scoprire che nel mondo indiano la miseria, la sofferenza, la malattia, la deformità, la morte non hanno che una coincidenza semantica con le nostre parole. È vero: a Calcutta vedrete esseri umani, con diritto di voto, che posseggono un cencio – veste, coperta, sudario – e una ciotola – per chiedere l'elemosina, per mangiare, per usarlo come guanciale. Ogni notte dormono sui marciapiedi. Muoiono di pioggia, di fame, di vento, di freddo. Muoiono alla svelta, senza intralciare il traffico. Sono abituati a morire. E tuttavia Calcutta è tutto fuorché una città mortuaria. La anima una vitalità ambigua, che accoglie in sé decadenza e nascita. Se vi aggirate per questi quartieri vedrete una dopo l'altra case divorate dalla consunzione tropicale, muri che cedono alla loro vocazione vegetale; tutta la città pare intenta ad una propria minuta opera di reincarnazione in giungla. Queste casupole, si costruiscono o si seminano? Questa città di edifici fatiscenti, di miseri, di morti, di mostri, è bizzarramente allegra:

non direi in modo sinistro, ma in modo infantile; e l'allegria infantile ha le stigmate dei penosi passati da cui si è districata. Ignoro se sia possibile conoscere Calcutta; questa città avviluppata come una matassa di vene e di tumori, di parassiti e di fiori, può forse essere conosciuta solo per minuscoli settori, molto meno d'un quartiere. Un gruppo di case, un tempio, i vecchi, desolati, stupendi cimiteri dei francesi e degli inglesi del Settecento e dell'Ottocento. Come disperatamente quelle lapidi cercano di tener ferma l'ombra di un morto in questa città terrestre ed infera, dove nulla ha mai avuto un nome. Quelle lapidi raccontano la follia europea davanti al «modo di morire asiatico»: è il proclama che a gran voce rivendica il diritto «bianco» ad una specifica agonia, ad una morte immortale e monumentale. L'ironia infinita dell'erba avvolge le tombe, stravagante documento di esotica follia: l'allegria catastrofica di Calcutta si nutre di queste morti candite di marmo. I mostri: in tutta l'India vedrete mostri, ma a Calcutta dovete affrontare la loro esistenza come uno dei temi di questo modo di esistere. Noi europei, ho sentito dire, siamo permissivi. Alcoolici, droghe e genitali. E, con i mostri, come ce la caviamo? Abbiamo aperto i nostri cottolengo? I deformi, le membra spaccate, le labbra lacerate, le braccia che si biforcano al gomito, le gambe arrotolate in un gigantesco piede di elefante, e quel mostro che ho visto vicino a Madras, normale fino alla vita, e poi null'altro che un fiore di sfintere con attorno filamenti incollati di gambe? Mi hanno raccontato che in un tempio uno di questi mostri è stato dipinto, per dargli più persuasiva grazia. In India il mostro è «a casa». In questo paese che non conosce l'orrore, l'uomo dell'orrore può uscire dai nostri ghetti mentali, dai nostri incubi, e trascinarsi ai nostri piedi. Alla sera, finito di mangiare, uscivo a passeggiare tra i mostri: ragni di carne, gambe morte, braccia vegetali e attorte, bocche scavate in una cartilagine di testa, ocarine da gemiti ed agonie. Che pace, che onestà, questo commercio col mostruoso. Nulla nel nostro mondo è più mostruoso di questo rifiuto del mostruoso; chiudeteli nei ghetti, non dobbiamo vederli, non esistono, sono impossibili. L'universo intero è impossibile, e qui, in India, lo sanno. Calcutta è nome nato dalla potenza della dea Kālī, che ha qui il suo grande tempio. Questa sacra immagine è insieme colei che uccide e colei che assiste il misero: è la Madre, un nume che abita il sangue e la pietà, la ferocia e la dolcezza; non è venerata perché terribile, ma perché nella sua miscela di terrore e di amore essa è degna come nessun altro di devozione. Essa dimora in quel centro del mondo in cui è futile distinguere la vita dalla morte, l'uccisione dalla creazione. Il suo tempio è affollato di lebbrosi, sporco di sangue dei capretti decapitati: la figura che si intravede, il volto tondo e gigantesco della dea, è uno dei più violenti luoghi dei contrari del sogno indiano, ma in ogni caso è qui, è vicina, è svelata e toccabile. Essa è la Madre: e per una di quelle segrete, ilari allegorie di cui è tessuta la cantilena indiana, in uno stanzone che appartiene al tempio della dea Kālī, venticinque anni fa Madre Teresa cominciò a raccogliere i Destitute Dying, i morenti abbandonati delle strade di Calcutta. Nei giorni in cui mi trovo a Calcutta, si celebra in tutta la città il venticinquesimo anniversario dell'opera incredibile di Madre Teresa. Una piccola e rigida contadina albanese, già suora delle Orsoline, e passata subitamente all'assistenza di folle di malati ed anonimi infimi che non ha paragone altrove. Ha creato, quella minuscola suora tranquilla e furba, ospedali, una intera città per ex lebbrosi, ricoveri per dementi – che sarà mai la follia in questa città? – ha salvato bambini abbandonati, ha sfidato e conquistato un mondo ostile e diffidente. Ed ora tutte indistintamente le confessioni religiose le rendono onore: ognuna organizza una cerimonia per ringraziare, per onorare il karma che in lei ha manifestato l'amore del Dio segreto e di tutti, per onorare le vie indirette ed occulte del destino. Può essere che questa suora sia in qualche modo incomprensibile: e può anche essere che in questa città totalmente indiana e karmica, lei appunto abbia importato, o contrabbandato, il «prossimo». Forse è l'uno e l'altro: ma soprattutto è omaggio alla volontà inesausta ed inesauribile del mondo di spiegarsi ed occultarsi attraverso miracoli e prodigi: Suor Teresa è uno di tali «impossibili» dell'universo, e i brahmini, i mussulmani, i sikh, i parsi, per lei scuotono la pietà dei sistri, dicono litanie e toccano tamburi e intessono corone di fiori. E Madre Teresa ringrazia, parla di Dio, e accoglie le corone di fiori. Anche gli anglicani lentigginosi e solenni cantano per lei; e la celebrano anche i cattolici, anche se alla loro maniera, non senza goffaggine. Questo labirinto di devozione attorno alla minuscola suora sacramente poderosa è una esperienza indimenticabile, uno dei tanti impossibili di questa terra impossibile.

Sono a Delhi, questa bizzarra capitale che non ha mendicanti, non mucche, non lebbrosi; ordinata, molte scritte dell'emergenza «lavorate di più, chiacchierate di meno». Penso all'esercito di indiani che non ha nessun lavoro, al giovane laureato che mi ha fatto tradurre in italiano una lettera, cercava lavoro in qualunque parte del mondo. Qui il clima è dolce, al mattino e alla sera conforta un'aria mite e amica. Ma non è India. Delhi è antica: ha reliquie turche, reliquie afghane, corrucciate e poderose. Alla periferia ha uno dei monumenti più affascinanti di questo paese: un altissimo minareto in mezzo ad un frantume di antichi templi indiani. Orgoglioso e disperato, il minareto racconta la solitudine islamica, la sproporzione dell'uomo e di ciò cui egli elemosina il suo senso; in India, gli dèi vivono mescolati alla gran folla, ondeggiano il capo agli angoli delle strade, sono guerrieri e chiedono l'elemosina. Quel minareto che si arrampica verso la luna mi restituisce la desolazione e la notturna felicità semita che è nel nostro nero e incattivito sangue.

«Ami l'India?» mi dice un italiano, un uomo nato per essere amico, dolce di dolcezza asiatica. Ma io non so rispondere. In India ho

conosciuto una paura prossima alla morte; ho conosciuto la seduzione agevole e impossibile; ho visto gli occhi spalancati e senza pupille, gli dèi sull'altalena, ho visto i mostri e i lebbrosi, sfiorato il deposito delle anime. Tutto fluttua tra follia e rivelazione. Tutto è facile e intoccabile. Ho incontrato innumere volte una traccia di Śiva, il dio molteplice, che crea e distrugge, il danzatore millenario chiuso nella magica ruota. «Io sono povero» dice una poesia antica per Śiva «le mie gambe sono le sue colonne, il mio capo è cupola d'oro. Le cose salde ed immobili crollano, ciò che non ha requie permane intatto».
Forse è ora di cominciare ad occuparsi dell'India.

Opere pubblicate in questa collana:

1. Hermann Hesse, *Il pellegrinaggio in Oriente* (17ª ediz.)
2. Marcel Granet, *La religione dei Cinesi* (4ª ediz.)
3. Robert Musil, *Sulle teorie di Mach* (3ª ediz.)
4. James Boswell, *Visita a Rousseau e a Voltaire* (2ª ediz.)
5. Freud-Groddeck, *Carteggio* (4ª ediz.)
6. Nyogen Senzaki - Paul Reps, *101 storie Zen* (21ª ediz.)
7. Gertrude Stein, *Picasso* (6ª ediz.)
8. Pierre Klossowski, *Le dame romane* (3ª ediz.)
9. Konrad Lorenz, *E l'uomo incontrò il cane* (22ª ediz.)
10. Rainer Maria Rilke, *Ewald Tragy* (5ª ediz.)
11. Friedrich Nietzsche, *Sull'utilità e il danno della storia per la vita* (10ª ediz.)
12. Angus Wilson e Philippe Jullian, *Per chi suona la cloche* (2ª ediz.)
13. Elias Canetti, *Potere e sopravvivenza* (5ª ediz.)
14. Konrad Lorenz, *Gli otto peccati capitali della nostra civiltà* (18ª ediz.)
15. Lorenzo Magalotti, *Relazione della China*
16. Miguel León-Portilla, *Il rovescio della Conquista* (4ª ediz.)
17. Knut Hamsun, *Fame* (3ª ediz.)
18. *La Bibbia del Belli* (3ª ediz.)
19. Georges Dumézil, *Gli dèi dei Germani* (5ª ediz.)
20. Joseph Roth, *La leggenda del santo bevitore* (22ª ediz.)
21. Friedrich Nietzsche, *Sull'avvenire delle nostre scuole* (4ª ediz.)
22. *Il Fisiologo* (3ª ediz.)
23. Samuel Butler, *Erewhon* (4ª ediz.)
24. Samuel Butler, *Ritorno in Erewhon* (3ª ediz.)
25. Eugen Herrigel, *Lo Zen e il tiro con l'arco* (19ª ediz.)
26. Frank Wedekind, *Mine-Haha* (3ª ediz.)
27. Alberto Savinio, *Maupassant e "l'Altro"* (3ª ediz.)
28. San Girolamo, *Vite di Paolo, Ilarione e Malco* (2ª ediz.)
29. Giorgio Colli, *La nascita della filosofia* (11ª ediz.)
30. Louis-Ferdinand Céline, *Il dottor Semmelweis* (5ª ediz.)
31. Ludwig Wittgenstein, *Note sul "Ramo d'oro" di Frazer* (4ª ediz.)
32. Hermann Hesse, *Siddharta* (42ª ediz.)
33. Reuben Fine, *La psicologia del giocatore di scacchi* (3ª ediz.)
34. Robert Walser, *La passeggiata* (10ª ediz.)
35. Edoardo Ruffini, *Il principio maggioritario* (2ª ediz.)
36-37. Friedrich Nietzsche, *Così parlò Zarathustra* (16ª ediz.)
38. André Gide, *La sequestrata di Poitiers* (3ª ediz.)
39. J.R. Wilcock - F. Fantasia, *Frau Teleprocu*
40. Hugo von Hofmannsthal, *L'uomo difficile* (6ª ediz.)

41. James Joyce, *Dedalus* (12ª ediz.)
42. Søren Kierkegaard, *Enten-Eller, I* (3ª ediz.)
43. Paul Verlaine, *Confessioni* (2ª ediz.)
44. Pavel Florenskij, *Le porte regali* (3ª ediz.)
45. Adam Mickiewicz, *I sonetti di Crimea*
46. Friedrich Nietzsche, *La mia vita* (7ª ediz.)
47. Friedrich Nietzsche, *Al di là del bene e del male* (12ª ediz.)
48. Friedrich Nietzsche, *La nascita della tragedia* (13ª ediz.)
49. Alberto Savinio, *Sorte dell'Europa* (2ª ediz.)
50. Carlo Dossi, *Amori* (2ª ediz.)
51. René Guénon, *Il Re del Mondo* (7ª ediz.)
52. Arthur Schnitzler, *Doppio sogno* (13ª ediz.)
53. Søren Kierkegaard, *Enten-Eller, II* (3ª ediz.)
54. Friedrich Nietzsche, *La gaia scienza* (8ª ediz.)
55. Friedrich Nietzsche, *L'anticristo* (11ª ediz.)
56. James Hillman, *Saggio su Pan* (7ª ediz.)
57. Alfred Jarry, *Ubu* (4ª ediz.)
58. Hermann Hesse, *La cura* (13ª ediz.)
59. Jacques Derrida, *Il fattore della verità* (2ª ediz.)
60. Gerald Durrell, *Incontri con animali* (5ª ediz.)
61. Gershom Scholem, *Walter Benjamin e il suo angelo* (2ª ediz.)
62. Jonathan Swift, *Istruzioni alla servitù* (6ª ediz.)
63. Aleksandr Blok, *L'intelligencija e la rivoluzione*
64. Georg Büchner, *Teatro* (5ª ediz.)
65. Friedrich Nietzsche, *Aurora* (5ª ediz.)
66. Jaime de Angulo, *Indiani in tuta* (2ª ediz.)
67. Robert Walser, *I temi di Fritz Kocher* (2ª ediz.)
68. Søren Kierkegaard, *Enten-Eller, III*
69. Franz Kafka, *Il processo* (9ª ediz.)
70. August Strindberg, *Teatro naturalistico, I* (3ª ediz.)
71. Max Jacob - Claude Valence, *Specchio d'astrologia* (3ª ediz.)
72. Heinrich Heine, *Gli dèi in esilio*
73-74. Katherine Mansfield, *Tutti i racconti, I* (7ª ediz.)
75. Guido Ceronetti, *Il silenzio del corpo* (5ª ediz.)
76. Carlo Dossi, *Goccie d'inchiostro*
77. *I detti di Rābi'a*
78. Giacomo Casanova, *Il duello* (2ª ediz.)
79. Vasilij Rozanov, *L'Apocalisse del nostro tempo*
80. Friedrich Nietzsche, *Scritti su Wagner* (4ª ediz.)
81. Platone, *Simposio* (12ª ediz.)
82. Friedrich Nietzsche, *Umano, troppo umano, I* (4ª ediz.)
83. Karen Blixen, *Ehrengard* (11ª ediz.)
84. Alberto Savinio, *Vita di Enrico Ibsen*
85. Walter Benjamin, *Uomini tedeschi*

86. *Diotima e Hölderlin*
87. Mario Brelich, *Il navigatore del diluvio* (2ª ediz.)
88. Leonora Carrington, *Giù in fondo* (2ª ediz.)
89. Emanuele Severino, *Legge e caso* (3ª ediz.)
90. Hermann Hesse, *Una biblioteca della letteratura universale* (8ª ediz.)
91-92-93. Katherine Mansfield, *Tutti i racconti, II* (4ª ediz.)
94. Giorgio Colli, *Scritti su Nietzsche* (3ª ediz.)
95. Salvatore Satta, *De profundis*
96. Walter Pater, *Ritratti immaginari*
97. René Guénon, *La Grande Triade* (4ª ediz.)
98. August Strindberg, *Teatro da camera* (2ª ediz.)
99. Gerald Durrell, *Luoghi sotto spirito* (3ª ediz.)
100. Gustave Flaubert, *Dizionario dei luoghi comuni* (7ª ediz.)
101. J. Rodolfo Wilcock, *Poesie* (2ª ediz.)
102. Mumon, *La porta senza porta* (3ª ediz.)
103. Jean Rhys, *Il grande mare dei sargassi* (2ª ediz.)
104. Guido Morselli, *Incontro col comunista*
105. Sergio Quinzio, *Dalla gola del leone*
106. Karl Valentin, *Tingeltangel*
107. Jean-Jacques Langendorf, *Elogio funebre del generale August-Wilhelm von Lignitz*
108-109. O. Henry, *Memorie di un cane giallo* (2ª ediz.)
110. Rainer Maria Rilke, *Lettere a un giovane poeta* (6ª ediz.)
111. Carl Seelig, *Passeggiate con Robert Walser* (2ª ediz.)
112. Charles Duff, *Manuale del boia* (2ª ediz.)
113-114. Franz Kafka, *Il messaggio dell'imperatore* (8ª ediz.)
115. Alberto Savinio, *La nostra anima* (3ª ediz.)
116. Jean Paul, *Giornale di bordo dell'aeronauta Giannozzo* (2ª ediz.)
117. Fausto Melotti, *Linee*
118. Ibn'Aṭā' Allāh, *Sentenze e Colloquio mistico* (2ª ediz.)
119. Carlo Emilio Gadda, *Le bizze del capitano in congedo* (2ª ediz.)
120. Søren Kierkegaard, *Enten-Eller, IV*
121. Friedrich Nietzsche, *Umano, troppo umano, II* (4ª ediz.)
122. Arthur Schnitzler, *Fuga nelle tenebre* (9ª ediz.)
123. Joseph Roth, *Viaggio in Russia* (5ª ediz.)
124. Misia Sert, *Misia* (2ª ediz.)
125. Anonimo romano, *Cronica* (2ª ediz.)
126. Emilio Cecchi, *I grandi romantici inglesi* (2 voll.)
127. Russell Hoban, *Il topo e suo figlio* (2ª ediz.)
128. J. Rodolfo Wilcock, *L'abominevole donna delle nevi*
129. Paul Scheerbart, *Architettura di vetro*
130. Giacomo Leopardi, *Pensieri* (5ª ediz.)

131. Carlo Michelstaedter, *La persuasione e la rettorica* (5ª ediz.)
132. Hugo von Hofmannsthal, *La mela d'oro e altri racconti* (3ª ediz.)
133. Plutarco, *Il demone di Socrate - I ritardi della punizione divina* (3ª ediz.)
134. Friedrich Nietzsche, *Ditirambi di Dioniso e Poesie postume* (3ª ediz.)
135. Alexander Lernet-Holenia, *Il barone Bagge* (4ª ediz.)
136. Carlo Emilio Gadda, *Il tempo e le opere*
137. Gerald Durrell, *Storie del mio zoo* (4ª ediz.)
138. Jayadeva, *Gītagovinda* (2ª ediz.)
139. August Strindberg, *Teatro naturalistico, II* (2ª ediz.)
140. Samuel Johnson, *Riflessioni sugli ultimi fatti relativi alle Isole Falkland (1771)*
141. E.M. Cioran, *Storia e utopia* (3ª ediz.)
142. Jean-Jacques Langendorf, *Una sfida nel Kurdistan*
143. Gilberto Forti, *Il piccolo almanacco di Radetzky*
144. Elvio Fachinelli, *Claustrofilia*
145. Giorgio Colli, *Per una enciclopedia di autori classici* (2ª ediz.)
146. Thomas de Quincey, *Gli ultimi giorni di Immanuel Kant* (2ª ediz.)
147. Charles Baudelaire, *Il mio cuore messo a nudo* (4ª ediz.)
148. Plutarco, *Dialoghi delfici* (2ª ediz.)
149. Adalbert Stifter, *Abdia* (3ª ediz.)
150. Charles Alexander Eastman, *L'anima dell'indiano* (3ª ediz.)
151. György Lukács, *Diario (1910-1911)*
152. Arthur Schnitzler, *Gioco all'alba* (8ª ediz.)
153. Aleksandr Zinov'ev, *Appunti di un Guardiano Notturno*
154. Friedrich Nietzsche, *Crepuscolo degli idoli* (4ª ediz.)
155. Franziska zu Reventlow, *Il complesso del denaro*
156. Pier Candido Decembrio, *Vita di Filippo Maria Visconti*
157. Lope de Vega, *La Gattomachia* (2ª ediz.)
158. Simone Weil, *Riflessioni sulle cause della libertà e dell'oppressione sociale* (3ª ediz.)
159. Alexander Lernet-Holenia, *Il Signore di Parigi*
160. David Garnett, *Il ritorno del marinaio*
161. Alfred Jarry, *Gesta e opinioni del dottor Faustroll, patafisico*
162. Elio Aristide, *Discorsi sacri*
163. Maria Maddalena de' Pazzi, *Le parole dell'estasi* (2ª ediz.)
164. Colette, *Chéri* (3ª ediz.)
165. Mario Bortolotto, *Introduzione al Lied romantico*
166. Adalbert Stifter, *Cristallo di rocca* (4ª ediz.)
167. Friedrich Nietzsche, *Genealogia della morale* (5ª ediz.)
168. Georges Dumézil, *Matrimoni indoeuropei*
169. *Lettere di Mademoiselle Aïssé a Madame C...*

170. Saul Israel, *La leggenda del figlio del Re Horkham*
171. Albert Caraco, *Post mortem*
172. Gilberto Forti, *A Sarajevo il 28 giugno*
173. Emilio Cecchi, *Messico*
174. Joseph Roth, *Ebrei erranti* (7ª ediz.)
175. Meister Eckhart, *Sermoni tedeschi* (3ª ediz.)
176. Elena Croce, *Due città*
177. Karen Blixen, *Ombre sull'erba* (5ª ediz.)
178. Georges Simenon, *Lettera a mia madre* (3ª ediz.)
179. Plutarco, *Iside e Osiride* (3ª ediz.)
180. Giorgio de Santillana, *Fato antico e Fato moderno* (2ª ediz.)
181. Colette, *La fine di Chéri*
182. Edme Boursault, *Lettere di Babet*
183. Henri Maspero, *Il Soffio Vivo*
184. Friedrich Nietzsche, *Schopenhauer come educatore* (2ª ediz.)
185. Ernst Jünger, *Il problema di Aladino* (2ª ediz.)
186. E.M. Cioran, *Il funesto demiurgo* (4ª ediz.)
187. Alberto Savinio, *La casa ispirata*
188. Plutarco, *Sull'amore* (3ª ediz.)
189. Arthur Schnitzler, *Beate e suo figlio* (7ª ediz.)
190. Gottfried Benn, *Cervelli* (2ª ediz.)
191. Colette, *La nascita del giorno*
192. Karen Blixen, *Il matrimonio moderno* (4ª ediz.)
193. *Sir Gawain e il Cavaliere Verde* (4ª ediz.)
194. *L'epopea di Gilgameš* (5ª ediz.)
195. Louis Dumont, *La civiltà indiana e noi*
196. Joseph Roth, *Le città bianche* (4ª ediz.)
197. Giuseppe Rensi, *Lettere spirituali*
198. Fabrizio Dentice, *Egnocus e gli Efferati* (2ª ediz.)
199. John McPhee, *Il formidabile esercito svizzero* (2ª ediz.)
200. Simone Weil, *Venezia salva*
201. Elsa Morante, *Pro o contro la bomba atomica*
202. M. Granet - M. Mauss, *Il linguaggio dei sentimenti*
203. Guido Ceronetti, *Pensieri del Tè* (4ª ediz.)
204. Carlo Michelstaedter, *Poesie* (4ª ediz.)
205. Carl Schmitt, *Ex Captivitate Salus*
206. Celso, *Il discorso vero*
207. Thomas Bernhard, *L'imitatore di voci* (2ª ediz.)
208. Alberto Savinio, *Capri* (4ª ediz.)
209. Arthur Schnitzler, *La signorina Else* (5ª ediz.)
210. Milan Kundera, *L'arte del romanzo* (3ª ediz.)
211. Eugenio Montale, *Mottetti* (2ª ediz.)
212. Iosif Brodskij, *Dall'esilio*
213. Gerald Durrell, *La terra che sussurra* (2ª ediz.)

214. Henry James, *L'altare dei morti* (2ª ediz.)
215. Osip Mandel'štam, *Viaggio in Armenia*
216. Friedrich Dürrenmatt, *La morte della Pizia* (5ª ediz.)
217. Guido Ceronetti, *L'occhiale malinconico*
218. Fernando Pessoa, *Lettere alla fidanzata* (2ª ediz.)
219. Alexander Lernet-Holenia, *Il giovane Moncada* (2ª ediz.)
220. Giovanni Macchia, *I moralisti classici* (2ª ediz.)
221. Hippolyte Taine, *Étienne Mayran*
222. Carlo Michelstaedter, *Il dialogo della salute*
223. E.M. Cioran, *Esercizi di ammirazione*
224. Joseph Roth, *La ribellione* (3ª ediz.)
225. Benedetto Croce, *Contributo alla critica di me stesso* (2ª ediz.)
226. Giovanni Macchia, *Tra Don Giovanni e Don Rodrigo* (2ª ediz.)
227. Alberto Savinio, *Capitano Ulisse*
228. Vivant Denon, *Senza domani*
229. Rudolf Borchardt, *Città italiane*
230. Colette, *Sido*
231. Aldous Huxley, *L'arte di vedere* (3ª ediz.)
232. Søren Kierkegaard, *Enten-Eller, V*
233. Ernst Jünger - Martin Heidegger, *Oltre la linea* (2ª ediz.)
234. Christopher Marlowe, *Tamerlano il Grande*
235. Leonardo Sciascia, *Alfabeto pirandelliano* (3ª ediz.)
236. Georg Büchner, *Lenz*
237. *Vijñānabhairava, La conoscenza del Tremendo* (2ª ediz.)
238. Leonardo Sciascia, *Una storia semplice* (8ª ediz.)
239. Jean-Pierre de Caussade, *L'abbandono alla Provvidenza divina*
240. Joseph Roth, *Il peso falso* (2ª ediz.)
241. Manlio Sgalambro, *Anatol*
242. Simone Weil, *Sulla Germania totalitaria*
243. Benedetto Croce, *Breviario di estetica – Aesthetica in nuce*
244. Ivo Andrić, *I tempi di Anika*
245. C.S. Lewis, *Diario di un dolore* (4ª ediz.)
246. E.M. Cioran, *Lacrime e santi*
247. Vladimir Zazubrin, *La scheggia*
248. Ernst Jünger, *Trattato del Ribelle* (2ª ediz.)
249. Nina Berberova, *Il giunco mormorante* (6ª ediz.)
250. Leonardo Sciascia, *Occhio di capra*
251. Wolfgang Goethe, *Favola* (2ª ediz.)
252. Calderón de la Barca, *La vita è sogno*
253. Sergio Quinzio, *Radici ebraiche del moderno* (4ª ediz.)
254. Elena Croce, *Lo snobismo liberale*
255. Jeremy Bernstein, *Uomini e macchine intelligenti*
256. Alfred Jarry, *L'amore assoluto*
257. Giorgio Manganelli, *Lunario dell'orfano sannita*

258. Alberto Savinio, *Alcesti di Samuele e atti unici*
259. Iosif Brodskij, *Fondamenta degli Incurabili* (3ª ediz.)
260. Giuseppe Rensi, *La filosofia dell'assurdo*
261. James Hillman, *La vana fuga dagli Dei*
262. Fabrizio Dentice, *Messalina*
263. F. Gonzalez-Crussi, *Note di un anatomopatologo* (2ª ediz.)
264. Manlio Sgalambro, *Del pensare breve*
265. Jacques Derrida, *Sproni. Gli stili di Nietzsche*
266. Mario Soldati, *La confessione*
267. Giovanni Macchia, *Vita avventure e morte di Don Giovanni*
268. Colette, *Il grano in erba*
269. Nina Berberova, *Il lacchè e la puttana* (3ª ediz.)
270. Ingeborg Bachmann, *Il buon Dio di Manhattan*
271. Bruce Chatwin-Paul Theroux, *Ritorno in Patagonia* (2ª ediz.)
272. Benedetto Croce, *Ariosto*
273. Plutarco, *Il volto della luna*
274. Arthur Schopenhauer, *L'arte di ottenere ragione* (7ª ediz.)
275. Friedrich Nietzsche, *David Strauss* (2ª ediz.)
276. Friedrich Nietzsche, *Ecce homo* (12ª ediz.)
277. Friedrich Nietzsche, *La filosofia nell'epoca tragica dei Greci e Scritti 1870-1873* (2ª ediz.)
278. Alberto Savinio, *Dico a te, Clio*
279. Leonardo Sciascia, *Morte dell'inquisitore* (3ª ediz.)
280. Elvio Fachinelli, *La freccia ferma*
281. Ivo Andrić, *La Corte del diavolo*
282. J. Rodolfo Wilcock, *Fatti inquietanti*
283. Sergio Quinzio, *La sconfitta di Dio* (2ª ediz.)
284. Hugo von Hofmannsthal, *Il cavaliere della rosa*
285. *Montaigne. Testi presentati da André Gide*
286. Marijan Molé, *I mistici musulmani*
287. Matilde Manzoni, *Journal*

Stampato nel maggio 1992
dalla Techno Media Reference s.r.l. - Milano

Piccola Biblioteca Adelphi
Periodico mensile: N. 288/1992
Registr. Trib. di Milano N. 180 per l'anno 1973
Direttore responsabile: Roberto Calasso